Memorias de un veterinario

Memorias de un veterinario

Por Dr. Luis Kishon
Médico Veterinario

Número de Control de la Biblioteca del Congreso de EE. UU.: 2015908438
ISBN: Tapa Dura 978-1-5065-0533-6
Tapa Blanda 978-1-5065-0535-0
Libro Electrónico 978-1-5065-0534-3

Información de la imprenta disponible en la última página.

Fecha de revisión: 25/07/2015

Para realizar pedidos de este libro, contacte con:
Palibrio
1663 Liberty Drive
Suite 200
Bloomington, IN 47403
Gratis desde EE. UU. al 877.407.5847
Gratis desde México al 01.800.288.2243
Gratis desde España al 900.866.949
Desde otro país al +1.812.671.9757
Fax: 01.812.355.1576
ventas@palibrio.com
709580

ÍNDICE

Dedico esta obra a toda aquella persona que ha compartido su vida, o parte de ella, con una mascota, haya sido mi cliente, o no.

Es a ella a quien debemos agradecer sus esfuerzos, sus desvelos, y sus amores para lograr que la vida de su mascota haya sido vivida en plenitud.

Muchas gracias, a todos ustedes.

Y, también…

Dedicado con todo nuestro amor a:

Nan, Muff, Miss Piggy, Nan II, Wilson, Miss Lucy, Miss Lucy II, León, Lobo, Binie, Bau, Latush, Cartier, Piojita, Lola, Petunia, Titán, y a nuestro tan querido y adorable Tiger.

Cuando un veterinario muere es posible, aunque no necesariamente probable, que arribe ante las puertas del Paraíso.

Allí lo estará esperando San Pedro, rodeado por todos los animales que el veterinario atendió durante su vida profesional.

Entonces el Poseedor de las Llaves preguntará a los animales muy seriamente y en alta voz, mirando al veterinario directa y fijamente a los ojos:

-Decidme, Hijos Queridos: debemos dejar entrar a este hombre por el Gran Portal para que así os acompañe y vele por vosotros por toda la Eternidad? O le negaremos la entrada para que se queme en el Fuego Perpetuo del Infierno?

-Decidid, Hijos Queridos!

Cuál será la respuesta que recibiré yo?

Cuál será la respuesta que tú recibirás, estimado Colega?

Buenos Aires, Argentina. 1979

Cuántas vidas tiene un gato?

Todos hemos oído hablar sobre las varias vidas que tienen los gatos.

Hay quienes hablan sobre siete, y otros les otorgan nueve. Hasta existe un alimento para ellos que nos las recuerdan.

Nadie sabe porqué se les atribuye esa extraña pero envidiable virtud de poder vivir más de una sola vez como todos los demás mortales.

Tal vez sea por su extraordinaria capacidad de adaptación a diversas circunstancias, o a su innata resistencia a algunas enfermedades que devastarían a cualquier otra especie. Como el Ave Fénix, hemos visto gatos que se encontraban en el peor de los estados físicos imaginables, por el cual nadie hubiera apostado ni un centavo, salir de esa situación sin aparentes señales de daños permanentes.

Y es entonces que Jacinto, el incorregible, forma parte del relato.

Cada vez que he recibido un gato como nuevo paciente no he podido evitar compararlo un poco con Jacinto.

Cada animal es único; las vivencias que le han tocado en suerte, o en desgracia, vivir con sus dueños también lo son. Del mismo modo que no hay dos seres humanos iguales, tampoco hay dos animales con igual temperamento o actitud frente a la vida.

No me animo a decir que hay un "prototipo" de gato, perro, o cualquier otro animal; pero si existe lo que llamaríamos un modelo de gato, ese era Jacinto.

Nació por un desliz de la gata Siamesa del señor Barrechea cuando éste no se percató que la gata estaba "en amores". El que sí se percató, y muy pronto, fue el gato barcino de sus vecinos.

Nacieron cuatro gatitos: Jacinto fue el primero en nacer, con los colores de la madre y todos los vicios de su padre que era conocido como "el Casanova" del barrio.

El señor Barrechea, de edad pasada la jubilación, ocupaba su tiempo libre en atender sus jilgueros y cardenales, sus plantas y a la madre de Jacinto, que fue adoptado por él para acompañar a la Siamesa. Claro, no pudo prever lo que se avecinaba.

De enorme cabeza, con toda la apariencia de la realeza Siamesa, y ojos azules que recordaban exactamente los de Sinatra, cuerpo color crema con los extremos de los miembros, hocico y cola marrón casi negro, y pesando cerca de los nueve kilos, heredó el toque de distinción siamesa de su madre, con una rara mezcla de la obstinada rebeldía de su padre. Era lo que se puede llamar un gato "indómito".

En la sala de consulta, cuando se dejaba convencer de que había llegado el momento de "ir a verlo" (el "verlo" era yo, obvio), apenas nos dejaba revisarlo para verificar que todo estaba lo suficientemente bien como para vacunarlo, tomar algunas muestras para examinarlas, y liberarlo de nuestras manos.

A pesar de haberle sugerido a su dueño operarlo a los siete meses de edad con la esperanza de apaciguarle un poco las demostraciones de cuidar su territorio y sus ansias amorosas recién estrenadas, el Señor Barrechea se negaba rotundamente: -Así vino, Doctor; y así se irá.

...y se había convertido en un gatazo de armas llevar...

Mientras tanto Jacinto seguía manifestando sus voluntades como siempre, y se había convertido en un gatazo de armas llevar.

Visitaba la casa tan sólo para comer por las tardes y dormir la borrachera de sus habituales correrías por el barrio, discutiendo airadamente con los demás gatos no precisamente sobre fútbol o política, y solía regresar con evidentes muestras de sus intercambios de opiniones, ya sea en forma de arañazos en la cara, orejas y cuello o, como la primera vez que vino no para sus vacunas, con la piel del pecho y dorso desgarrada en varias partes por acción de los dientes del perro del carnicero del barrio.

Por esos tiempos era muy frecuente que los perros y gatos, incluso los que tenían dueño, vagabundearan libremente por las calles hasta que cada cual regresaba a su hogar si sobrevivían los riesgos que esas correrías deparaban. Y el perro del carnicero, un brioso Bóxer, se lo encontró demasiado cerca de su casa; Jacinto hizo lo que pudo para no echarse atrás, pero el perro pesaba tres veces y media más que él. Lo prudente era escapar, pero el Bóxer fue más rápido y no dudó en morder donde pudo.

Hubo que coserle las heridas durante un buen par de horas hasta que terminamos nuestra tarea; a los cinco días regresó a las calles como si acá no hubiera pasado nada.

La segunda vida se le apagó a los pocos meses de este episodio, cuando un auto lo atropelló dejándole las patas delanteras casi destrozadas, pero que respondieron favorablemente a los yesos y vendajes compresivos. Jacinto volvió a ser un gato espléndido en el tiempo récord de unas pocas semanas.

Jacinto volvió a ser un gato espléndido en el tiempo récord de unas pocas semanas

Así, de a poco pero de manera constante, Jacinto se hizo más que adulto y entró en el tramo final de la carrera de su vida; una vida plagada de emociones, no sólo para él, sino para su dueño y, porqué negarlo, también para mí y todos los que lo conocimos. Eso sí: fue una vida vivida a fondo, sin negarse a sí mismo absolutamente ninguno de los placeres mundanos que un gato pueda desear conocer.

Al cumplir su cuarto año de vida (o su cuarta vida?) Jacinto pareció sentar cabeza; se volvió más casero, y permanecía muchos días sin siquiera asomar la cara por la puerta de calle. Parecía no interesarse ya en las correrías que lo hicieron famoso, y pasaba la mayor parte del tiempo durmiendo sobre su silloncito dentro de la casa en invierno, y en el patio trasero donde hubiera sombra en verano. Comía su comida casi como haciendo un favor; ya no pedía con insistencia las sardinas que tanto le gustaban ni las latas de comida gatuna que su dueño le daba todos los días.

Fue traído al consultorio y ante la enorme sorpresa de todos nosotros colaboró en el examen más y mejor que un gatito de meses. Soportó con resignación asombrosa mis palpaciones, toqueteos y presiones: nos miraba casi con aburrimiento, como esperando que terminara pronto esa tontería para la cual fue traído, que no incluía excitaciones ni emociones fuertes.

Fuera de las cicatrices de antiguas peleas y las de mis suturas, las marcas dejadas en sus patas algo deformadas por las fracturas de antaño y alguna herida curada espontáneamente, Jacinto era la imagen del buen estado físico, tomando bien en cuenta las circunstancias por las que había transcurrido. Hicimos algunos exámenes de sangre que resultaron dentro de los límites normales; no se encontraban las causas de su estado anímico tan extremadamente fuera de lo habitual.

El Señor Barrechea comenzó a intentar convencerse de que el gato magnífico que ayer nomás era capaz de tragarse el mundo estaba, sencillamente, envejeciendo. Algo prematuramente, pero envejeciendo.

Pasaron algunos meses más y un mediodía de domingo, caminando hacia mi casa, me detuve a conversar con un vecino y cliente que conocía muy bien al Señor Barrechea, a la Siamesa y a Jacinto. Me sorprendió cuando me preguntó qué le ocurría a Jacinto, ya que no lo veía pasearse por la calle, como siempre.

-Está enfermo, Doctor, o es una cuestión de orgullo herido? Ante esa observación le pregunté a qué se refería con lo del orgullo herido.

Su respuesta no pudo ser más esclarecedora ni terminante: -Yo creo, Doctor, que Jacinto fue destronado por Michú, el gato de los Olivera, de la otra cuadra. Me imagino que para un gato como Jacinto, ser destronado y dominado por el hijo le habrá lastimado el orgullo y el honor, no?

Indagando un poco más, incluso con los Olivera de la otra cuadra, resultó que Michú, hijo auténtico, aunque no legítimo, de Jacinto y la gata atigrada de los Olivera, había vencido a su propio padre en cuanta reyerta se presentaba por las gatas del barrio o simplemente por un mayor trozo de territorio, convirtiéndose en el digno heredero del trono y de toda la corte felina.

Su padre, resignado ante las evidencias de nuevas y mayores fuerzas de su hijo, había entregado su corona no sin rezongos y peleas, pero Michú lo superó en todas las ocasiones.

Fue entonces que comprendí; comprendí que no importa el número de vidas que tenga, queme, o viva un gato. Será la oportunidad en la que el gato decida hasta dónde vale la pena seguir viviendo, la que le pondrá el número a sus vidas.

Sin importar si son siete. O nueve.

Buenos Aires, Argentina. 1980

Mentiras patas cortas

La familia Pérez había decidido traer a casa a Mentira, cuando aún él mismo no sabía que le sería dado ese nombre.

Se trataba de un cachorro de Salchicha (Daschund) de dos meses y medio de edad, tan desgarbado como adorable.

De brillante pelo negro, orejas que casi tocaban el suelo al bajar la cabeza, y patitas como paréntesis, era la imagen de todo lo encantador que suele y sabe ser un cahorro de esa edad. Lo trajeron al consultorio para recibir sus primeras vacunas.

Mi primera pregunta luego de las habituales de rutina, sobre alimentación que recibía, tratamientos previos si los hubo, etc., fue el porqué de su nombre.

-Doctor…, me dijo la mamá, porque tiene patitas cortas…, en un tono casi de pena por mi evidente falta de imaginación.

Mentira se encontraba en muy buena forma: fuera de los parásitos intestinales que casi siempre se encuentran en un cachorro nacido y criado en un criadero comercial, fácilmente tratables, y alguna que otra pulga, su pelo era brillante, estaba bien alerta y juguetón, y se comportaba como todo cachorro normal de su edad.

Al finalizar el exámen y luego de verificar con el análisis correspondiente que la sospecha de parásitos internos estaba bien fundada, recibió la primera vacuna de su vida, y lo despedí con un besito sobre su suave cabecita.

Se trataba de un cachorro de Salchicha (Daschund) de dos meses y medio de edad, tan desgarbado como adorable.

Mentira siguió creciendo como un hermoso perrito; recibió todas las vacunas programadas según su edad, hasta que llegó el tremendo día de su cumpleaños número dos, al cual me invitaron a participar junto con mi Salchicha de pelo largo, Muff. Los padres habían invitado a todos los miembros de la familia, vecinos y amigos, que tenían un perro para celebrar todos juntos su segundo cumpleaños.

Fue una muy original y simpática fiestita, en la que no pude dejar de sentirme algo incómodo, ya que a cada rato se me presentaba a los presentes como "el médico de cabecera de Mentira", lo que dicho todo junto y un poco rápido, distorsionaba en parte el significado verdadero de la frase.

Muff y yo nos fuimos a casa cerca de las siete de la tarde, ya que quisimos dejar a los familiares y amigos disfrutar de la intimidad que merecían, y seguramente deseaban.

Dos horas después su mamá me llamó por teléfono con la voz entrecortada por el llanto. Mentira se había caído de las manos del hijo menor de la casa, y ahora apenas camina, casi no levanta la cabecita, y se encuentra en su camita quejándose en voz baja. Le dije que nos encontráramos en la clínica ya mismo y a los pocos minutos llegaron mamá y papá Pérez con Mentira en sus manos, envuelto en una toalla.

En efecto, al revisar a Mentira se lo notaba muy dolorido y todo su estado evidenciaba la inconfundible sensación de que algo realmente malo estaba ocurriendo.

Esta sensación se fortaleció cuando al revisar con mis manos la columna vertebral desde su cabeza hacia atrás noté que, antes de llegar a la cadera, las vértebras no seguían el recorrido recto que debían; la columna parecía estar cortada en dos partes. La cola colgaba fláccida y sin vida. Luego de una exhaustiva revisación le dí medicación antinflamatoria y analgésica, completé la información necesaria en una receta y les sugerí que lo llevaran por la mañana al hospital de la Facultad de Veterinaria para obtener unas radiografías, e incluso solicitar en el mismo hospital una segunda opinión. El jefe del Departamento de Radiología era un viejo y querido amigo y colega en el que yo confiaba totalmente: sus diagnósticos eran siempre exactos.

Esa noche, como suele ocurrirme cuando algún mal presagio me acosa, no pude dormir; revisé la bibliografía de que disponía sobre ortopedia veterinaria y, basándome en los síntomas que había notado en Mentira, fui construyendo una imagen mental del problema que se hacía más y más clara, pero al mismo tiempo más temible.

Las radiografías y la opinión del colega de la Facultad eran terminantes: fractura de columna vertebral al nivel de la zona lumbar, con gran separación de las vértebras; daño irreversible de médula espinal. Esto quería decir que Mentira estaba condenado a la parálisis permanente, incurable, desde la cadera hacia atrás. El colega había sugerido la eutanasia para poner fin al dolor, al sufrimiento, y a una vida de total dependencia.

Los Pérez no quisieron tomar tan drástica decisión en ese momento, y regresaron a casa con todo el profundo pesar que puede sentirse cuando hay que optar entre la vida y la muerte. Esa noche conversamos por teléfono y pidieron encontrarme en la clínica al día siguiente.

El encuentro nos unió a todos los miembros de la familia, a Mentira y a mí envueltos en una espesa nube formada por el curioso y horrendo deber de decidir si ese ser tan querido viviría o no al día siguiente. Nos saludamos con mucha cordialidad y con la espontaneidad que brindan dos años de relación que iban más allá de "médico de cabecera de Mentira" y padres del perrito.

Tratando de romper el hielo con un toque de humor logré dibujar en sus caras una sonrisa algo forzada, pero que me abría la puerta para seguir hablando. Sin usar términos técnicos les expliqué lo más claramente posible lo que ocurrió con la columna vertebral de Mentira, y las consecuencias que esto depararía para el resto de su vida. Me esforcé por describirles que el daño era absolutamente incurable, y que Mentira, en efecto, estaría condenado a una vida dependiente de sus dueños en todo y para todo.

Dentro de la familia cada uno portaba opiniones encontradas. Si bien era cierto que todos adoraban al perrito, papá Pérez y el hijo menor, a pesar de la profunda culpa que sentía, pensaban que lo mejor para evitarle más sufrimientos era "ayudarlo" a terminar con tanto dolor. La mamá y el hijo mayor, en cambio, eran de la idea de que había que intentar todo lo posible antes de darse por vencidos. Hasta que llegó la pregunta que yo temía que aparecería inexorablemente, antes o después.

-Doctor, si Mentira fuera suyo, qué haría *usted*?

Mientras aclaraba los pensamientos con respecto a la magnitud de la responsabilidad que esperaban de mí, decidí ir directo al grano y dije sin dudar que yo votaba por la vida.

Mencioné como al pasar la posibilidad de la eutanasia, pero no me detuve en ella más de lo que me parecía indispensable que recibieran como información de algo tal vez necesario, pero no verdaderamente deseado por ninguno de los presentes.

-Después de todo, dije, cuántas personas vemos por las calles o por todas partes en una silla de ruedas, y nadie piensa siquiera en ponerlos a dormir?

-Luis, de qué está hablando?, dijo mamá Pérez, intrigada.

-Estoy hablando de adaptarle a Mentira una silla de ruedas para perros. Eso existe y ya se utiliza en muchos países del mundo. Todo es cuestión de tomarle las medidas adecuadas, fabricar el carrito, y reeducar a Mentira para que aprenda a vivir su nueva vida con su carrito.

Había logrado interesarlos a todos, y eso era ya un pequeño logro, además de que les estaba dando algo que hasta ese momento no existía ni en sus mentes ni en sus corazones: esperanzas.

Y fue por esas esperanzas que nos unieron a todos que Mentira nos miró con sus ojos color café moviendo sus orejas como para asegurarse de que todos habíamos resuelto llevar adelante el proyecto.

Comenzamos a bromear con respecto a que, si las circunstancias lo requirieran, algún día podían instalar a Mentira en alguna esquina céntrica de la ciudad con un sombrero dado vuelta en el suelo y un cartelito de ayuda por favor a su lado.

Fui a visitar a Don Esteban, un antiguo herrero que en alguna época me había hecho unos trabajos en unas rejas y le expliqué mi proyecto. Un poco a regañadientes, pero con la advertencia de "sin compromiso, doctor" aceptó construirme un carrito a medida para Mentira, aunque con varillas de aluminio y trozos de correas de cuero de las que se usan para pasear perros. El zapatero se ocupó de agregar las hebillas para ajustar las correas según la necesidad, y de colocar trozos de felpa para acolchar las partes del correaje que tendrían contacto con el cuerpo de Mentira.

Mentira soportó con típico estoicismo perruno varias tomas de medidas y contramedidas, dudas y propuestas diversas hasta que por fin llegó el ansiado día de la unión final del aparato sobre Mentira.

Lo colocamos sobre el suelo y nos detuvimos a observarlo. Era evidente que el asombro se había apoderado de su cara. Si bien no podía mover la cola mostrando alegría o satisfacción, los vivaces movimientos de cara, orejas y ojos eran señal clara de que estaba contento. Ya hasta ese entonces, antes de colocarle su carrito, hacía mucho tiempo que comía perfectamente bien y sólo para hacer sus necesidades necesitaba que lo sostuvieran por la parte trasera, aunque en una muestra de clásica discreción canina solamente permitía ser ayudado por los hombres de la casa, y jamás hizo nada si lo ayudaba la mamá.

Lo estimularon a que avanzara, y con movimientos titubeantes con sus cortas patitas delanteras comenzó a usarlas otra vez, luego de casi dos semanas de no hacerlo. Cobró confianza paso a paso, y así entendió muy rápidamente que la esperanza no es propiedad exclusiva de los humanos; también los perros pueden sentirla si tan sólo les damos la oportunidad.

… Cobró confianza paso a paso…

El perrito se adaptó rápidamente a su nueva vida de lisiado. Incluso el hijo mayor colgó en la parte trasera del carrito la señal del lisiado que identifica a los vehículos de discapacitados. Antes del año de estar usándolo aprendió a subir y bajar los dos escalones que separaban el salón de la casa y la cocina; también antes del año lograba hacerse entender cuando quería hacer "algo", con lo cual quienquiera estuviera con él en ese momento, salvo la mamá, simplemente lo desenganchaba del carrito y Mentira se arreglaba solo como todo perro normal. El único inconveniente que se presentaba sucedía cuando Mentira olvidaba que era lisiado y comenzaba a correr en círculos como loco (o como cualquier perro sano muy contento), en el gran jardín de la casa; en medio de la euforia y la velocidad podía ocurrir que Mentira volcara, quedando acostado de lado sin emitir ningún sonido: se limitaba a mirar directo a los ojos de quien lo viera como diciendo "no te quedes ahí mirando!! Vuelve a colocarme sobre mis dos patas y mis dos ruedas! Rápido!".

Se estableció entonces la simpática rutina de encontrarnos con los Pérez varias veces por año. Una era para su control de salud anual y vacunas; la otra era el día de su cumpleaños al que acudían familiares y amigos con sus perros, incluyendo Tomás, un precioso Schnautzer miniatura negro al que se le había amputado el brazo derecho porque un accidente de auto le había destrozado todos los huesos. Los dueños de los dos "incapacitados" bromeaban diciendo que jamás habían conocido incapacitados más capacitados para correr y jugar que esos dos perritos que se llevaban tan bien entre ellos, y que era un placer verlos correrse uno al otro en el jardín.

Muchos años después, exactamente trece, ya a miles de kilómetros de distancia de Buenos Aires, pero aún manteniendo contacto por cartas con los Pérez, recibí una de las noticias más tristes que he recibido en mi vida: Mentira nos había dejado a todos para siempre. Sus riñones habían dejado de funcionar y lo estaba matando la intoxicación causada por los productos que él mismo producía. Esta vez sí no hubo alternativa y se lo "ayudó" a cruzar el puente que conduce al lugar del que no volvemos. Se durmió en absoluta paz, luego de una vejez apacible, y todos estuvieron completamente de acuerdo de que esta vez era realmente el momento adecuado.

Mentira fue enterrado con su carrito en el gran jardín de la casa que tanto lo había amado.

Sobre su tumba puede verse, todavía hoy, el cartelito de lisiado con el color casi totalmente borrado por el paso del tiempo.

Buenos Aires, Argentina. 1981

La Princesa Tatiana

Como descendiente de una larga prosapia de gatos de raza, la Princesa Tatiana hacía verdadero honor a su nombre. Era una Russian Blue de un fascinante color acero, ojos dorados y bigotazos blancos. Si suele decirse que los gatos son aristocráticos, Tatiana reafirmaba esta cualidad de forma indudable.

Los González, un matrimonio de edad más que mediana y sin hijos, la habían comprado en Australia hacía ya cuatro años durante uno de los numerosos viajes que podían permitirse gracias a su buena posición económica. Ya retirados los dos, ocupaban su tiempo en viajar, llevando con ellos a Tatiana sin importar los gastos o las molestias que las pocas aerolíneas, en esa época, imponían para admitir animales a bordo.

Fue así como Tatiana acumuló una enorme colección de Pasaportes Felinos atiborrados de firmas y sellos de veterinarios de casi cualquier lugar imaginable del mundo, y que permitían su ingreso al país que visitaban sus dueños.

Si bien había sido presentada con cierto éxito en algunas exposiciones, sus propietarios decidieron no someterla más a la inútil y extenuante tarea de posar para los jueces, siendo que comprendían que los premios no eran en realidad para la premiada, sino para el orgullo de los dueños. Sabia decisión, por otra parte.

El motivo de la consulta, aquella primavera de octubre, fue que Tatiana no lograba traer nuevos "tatianos", como llamaban los González a sus deseados nietos, a pesar de haberlo intentado con distintos novios, aunque sin éxito. Los novios que se le presentaron, cada cual a su turno, eran tres bien conocidos y experimentados amantes que habían engendrado un número grande de nuevos Russian Blues en otras tantas gatas; pero no con Tatiana.

Antes de desistir del todo habían consultado con varios colegas, siendo yo el último de los consultados, hasta ese momento. Si mis sugerencias o tratamientos no resultaban en lo esperado, tenían todavía opciones de otros hospitales y clínicas, incluyendo el de la Facultad donde yo mismo había estudiado.

Partiendo de la idea de que los gatos, mejor dicho las gatas, entran en celo en primavera y verano, vinieron a verme con los resultados de todo tipo de análisis habido y por haber que ya se habían efectuado, suponiendo que ya en esas semanas Tatiana debería tener por lo menos un celo por mes hasta quedar preñada.

Todo había sido examinado hasta el último detalle: la alimentación era más que correcta, siendo uno de los pocos animales que conocí en esos tiempos, que comía alimento balanceado para gatos en Argentina. Todas las pruebas de sangre, orina y radiografías eran absolutamente normales. Por aquella época el ultrasonido no solía ser usado de rutina en Medicina Veterinaria, salvo en muy contadas y honrosas excepciones. No cabía duda: Tatiana era una de las gatas mejor cuidadas y más queridas; sana como la que más, pero estéril.

Nadie sabe a ciencia cierta si los gatos, o cualquier otro animal no humano, pueden soñar…

No deseo engañar a nadie: no tenía la menor idea de cuál podría haber sido el problema, tomando en cuenta que otros mejores que yo ya habían pronosticado un futuro sin gatitos para la Princesa.

Nadie sabe a ciencia cierta si los gatos, o cualquier otro animal no humano, pueden soñar. Afirmar que sí o que no es como caminar por el poco seguro tembladeral de las especulaciones. Pero yo me siento bien pensando que sí; que muy probablemente a su manera, los animales sueñan. Es tan sólo una teoría, tan buena o tan mala como cualquiera de las que afirman que no; y yo creo que Tatiana habrá soñado más de una vez con verse acompañada al menos por un gatito reptándole entre las cuatro piernas mientras lo lavaba y alimentaba con su leche.

El hecho concreto es que me dije que tal vez había llegado el momento de efectuar lo que llamamos una laparotomía exploratoria, lo cual traducido al español significa: abramos el abdomen y exploremos; tal vez encontremos algo que no se vio anteriormente en las radiografías. Comprendiendo que una acción como esa no se toma de un momento a otro, sugerí la operación pero les dí un márgen de tiempo prudencial para que decidieran por sí mismos.

Los González no volvieron a aparecer por mi clínica; supuse que los habría atemorizado mi loca propuesta, y lentamente fui dejando de lado el recuerdo de Tatiana, sin poder evitar un sentimiento de pena por su maternidad frustrada y cada tanto revivía la conversación mantenida con sus padres y rememoraba sus bellos ojos de oro.

Tatiana habrá soñado más de una vez con verse acompañada al menos por un gatito…

Durante el verano agobiante de 1982, uno de mis mejores clientes, amante fanático de los gatos y que ya tenía en su casa varios de diferentes razas y colores, conocedor hasta el más mínimo detalle sobre cuanto gato de raza pura naciera en el país, apareció en la clínica con su nueva adquisición: un hermoso gatito Russian Blue. No asocié al gatito con Tatiana hasta que me dijo el nombre del cachorro: Boris, el Delfín. Recordando que el Delfín es el hijo del Príncipe o Princesa, indagué sobre su orígen.

-Claro, Doctor. Es hijo de Valery, un macho Russian Blue y de Tatiana, la Princesa. Quiere que le cuente la historia? El haber dicho que sí fue el detonante: Boris nació junto con otros tres gatitos luego que a su mamá se la había declarado "oficialmente" estéril, hasta que un veterinario recomendado por un amigo de los dueños sugirió hacerle una lapar…, lataropia…, -- Una laparotomía exploratoria, corregí.

- Sí, sí. Eso! Y no sabe lo que encontraron en la cirugía!

- No. No sé. Qué le encontraron?, pregunté yo consumido por la curiosidad.

Le faltaba un ovario, y el otro estaba normal, pero había una oclusión en el cuerno izquierdo del útero; el veterinario que la operó liberó la oclusión con una simple cirugía.

No es un genio ese veterinario, doctor?? Doctor…, doctor…??

….. reptándole entre las cuatro piernas….

Buenos Aires, Argentina. 1982

La pequeña Isadora, esa gigante

Si el lector pertenece al selecto grupo de quienes han compartido su vida con un Mini Pinscher sabrá perfectamente a qué me refiero en este relato que, por otra parte, es auténtico palabra por palabra.

La pequeña Isadora era uno de esos ejemplares de Mini Pinscher que se toman la vida muy en serio. Para ella los juegos, o el simple placer de no hacer nada más que dormir sobre el sofá, sencillamente no entraban dentro de su esquema mental. Para ella lo único que importaba era avisar a sus dueños si alguien pasaba a menos de diez metros de la puerta de calle, o se estacionaba un auto a menos de veinte. Sus ladridos insistentes y su ir y venir hacia la puerta de calle no dejaban ningún lugar a dudas: algo o alguien rondaba por ahí, sin importar si era gato o persona. Y hasta que los dueños no abrían la puerta para dejar entrar al invitado, o miraban hacia afuera para ver de qué se trataba si es que había algo, ella no descansaba hasta que sus dueños no le dieran la voz de calmarse y que era suficiente para que la perrita se recostara en su camita al lado del gran sofá que ocupaba gran parte del salón. Entonces sí, si todos estaban tranquilos, ella también participaba del ambiente de paz y armonía que sus dueños le contagiaban, y era entonces cuando se permitía cerrar los ojos y dormitar por un rato.

Era uno de esos ejemplares de Mini Pinscher
que se toman la vida muy en serio…

De color negro y cobre, colita cortada demasiado corta para mi gusto, y ojos vivaces como pocos he visto en mi vida, su cara era toda atención y alerta ante cualquier ruido que no conocía. Los Márquez la recibieron cuando la perrita de unos vecinos parió cinco cachorritos hijos de un macho algo viejo ya, pero que así y todo logró traer al mundo canino otros cinco Mini Pinscher, uno más hermoso que el otro: dos negro y oro, y tres cobre. Isadora fue la tercera, tanto en el momento de nacer, como de tamaño. La señora Márquez, ex bailarina clásica del Teatro Colón de Buenos Aires y profunda admiradora de Isadora Duncan, le dió su nombre porque tanto la bailarina como la perrita habían nacido el mismo día, el 27 de mayo.

Y así fue como Isadora pasó a ser la reina de la casa, cosa que a todo Mini Pinscher le parece lo más natural y lógico del mundo. Mimada por el matrimonio Márquez, y elogiada por todos los que la conocían por su temperamento dulce pero distante con los extraños, era parte de un trío feliz en una casa feliz.

De color negro y cobre, colita cortada demasiado corta para mi gusto…

A las siete de esa tarde de un mayo invernal, cuando Isadora acababa de cumplir sus tres años y se encontraba en la flor de la edad, sonaron algunos breves golpes en la puerta de la casa. Los dueños de casa estaban viendo las noticias en el televisor de la sala y se miraron sorprendidos ya que no esperaban a nadie.

El señor Márquez tomó su bastón para incorporarse y dirigirse a la puerta, mientras Isadora ladraba de aquí para allá, como sugiriendo no abrir la puerta, o tal vez previendo lo que iba a ocurrir pocos segundos más tarde. Cuando el anciano señor llegó hasta la puerta preguntó quién llamaba: -Telegrama urgente para la familia Márquez, fue la respuesta.

Y el señor Márquez abrió no solamente la puerta, sino el primero de una tan larga como dolorosa cadena de acontecimientos. El primer acontecimiento fue que una cabeza encapuchada y una mano con un arma se asomaron desde el lado de afuera de la puerta, obligando al dueño de casa a abrirla y dejar entrar al delincuente.

El segundo fue que, ante los agudos ladridos de Isadora, el encapuchado ordenó a sus dueños que la hagan callar para no alertar a los vecinos; el tercero resultó en que Isadora, más ágil y rápida que sus dueños, no se dejaba atrapar y ladraba con todas sus fuerzas mostrando los dientes al ladrón, gruñendo como un león.

El asaltante les ordenó entregarles el dinero que él sabía que había en una vieja caja fuerte oculta detrás de un enorme cuadro colgado en el salón. Rápido o disparo, fue lo que dijo. Ante la lentitud del dueño de casa para dirigirse hacia la pared y descolgar el cuadro, el ladrón perdió la paciencia y se dirigió él mismo a la pared para tratar de derribar el pesado marco del cuadro tratando de arrancarlo a manotazos que no hacían más que inquietar a Isadora hasta el límite fácilmente alcanzable de la más descontrolada y absoluta ira. Los vanos intentos del malhechor le hicieron perder más aún la paciencia y, tratando de despejar el lugar dio un fuerte empujón al señor Márquez quien reculando cayó sobre uno de los sillones; ahí fue donde también Isadora perdió su paciencia y se arrojó sobre el intruso tomándolo con todas sus fuerzas del pantalón, a la altura de la pierna. La sorpresa fue grande, pero fue mayor el dolor de la mordida sobre la pantorrilla, y el ladrón empezó a trastabillar mientras se aferraba a la pared para no caer. Isadora soltó esa mordida y probó nuevamente, pero esta vez algo más arriba. Fue ese el momento en que el malviviente se afirmó sobre su pie izquierdo y con el derecho, en el momento en que Isadora soltaba la segunda mordida para regalarle la tercera, le asestó un violento puntapié que la envió a unos metros de distancia, mientras que solamente la pared del salón logró detener su recorrido sobre el suelo y el aire.

Dijimos más arriba que Isadora era de esos ejemplares que se toman la vida en serio, y esta vez no fue la excepción. Dolorida por el golpe, pero aún más herida en su honor y en su sentido de la responsabilidad, arremetió nuevamente como un toro en la arena y se arrojó sobre el muslo del asaltante, lo que fue suficiente para que el hombre tropezara y cayera al suelo, mientras que la pequeña Isadora probaba por primera, única, y última vez en su vida, el hasta entonces desconocido sabor de la sangre humana en su boca.

No soltó la presa ni por un segundo y mientras que Isadora está neutralizando al ladrón, moviendo su cabeza de un lado a otro con la boca ocupada, detengamos por un instante la escena.

Estamos observando al señor Márquez levantándose con pesadez del sillón donde había sido sentado a la fuerza por el ladrón; a su lado está su mujer mirando azorada lo ocurrido mientras que la perrita se aferra con todas sus fuerzas al pantalón del hombre con el arma en la mano (por suerte para todos, descargada); cuando el dueño de casa logra pararse se dirige hacia el asaltante y le propina varios golpes con su bastón de madera de roble lustrado que había heredado de su padre antes de que aquél muriera varios años antes.

Alarmados por los ladridos de Isadora y los gritos de su dueña, los vecinos de la casa llamaron a la policía, con lo cual dos autos llegaron a tiempo y los agentes entraron por la puerta cerrada pero sin llave, observando el cuadro de una perrita que se había convertido en algo más de siete kilos de músculos con dientes reduciendo a un ladrón que pesaba cerca de ochenta. Los bastonazos recibidos y su pierna neutralizada por la gigante defensora lo convencieron de que ya tenía suficiente y entonces se entregó sin resistirse a la policía, mientras se masajeaba los lugares donde los dientes de la fiera dejaron su marca para siempre en su cuerpo y en su orgullo. Fue en ese preciso instante que Isadora cayó de costado; al relajar la mordida caminó unos pocos pasos y prácticamente se desmayó al tiempo que su lengua tomó un feo color azul.

Es aquí donde entro yo en la dramática situación. Los Márquez vivían a menos de doscientos metros de mi clínica y llegaron en seguida traídos por un vecino. En realidad, la que llegó fue la mujer, ya que el hombre se quedó con la policía para relatar lo sucedido. Era casi la hora de cerrar, pero una emergencia no sabe de horarios. Una rápida recorrida visual por la criatura me hizo poner los ojos sobre las costillas del lado izquierdo, justo en el centro del tórax. Había un hundimiento profundo sobre las costillas, y era fácil palpar burbujas de aire debajo de la piel y los músculos. Mientras le colocábamos fluídos por una vena y medicación anti shock, Isadora estaba exhausta y casi desmayada. Llamé por teléfono al radiólogo con el que yo trabajaba, que disponía de un equipo portátil de rayos equis, y se presentó a la media hora. Las radiografías mostraban tres costillas rotas, dos de ellas perforando el pulmón claramente, produciendo su colapso. Lo único posible para salvarle la vida a tan querido ser era cirugía, y así lo hicimos con la ayuda de un colega especialista en ese tipo de operaciones. Luego de casi dos horas de trabajo, Isadora quedó hospitalizada en la clínica, decidiendo mi equipo de ayudantes y yo turnarnos durante las veinticuatro horas para atenderla. A pesar de que la operación fue exitosa, todavía no estábamos seguros totalmente sobre su desenlace.

A la mañana siguiente los dueños de la perrita llegaron al consultorio con evidentes muestras de ansiedad y preocupación. Intenté explicarles algunos detalles sobre la cirugía que había pasado, así como las posibles consecuencias, tratando de dejar bien en claro que el tiempo tenía ahora la palabra.

Isadora cayó en un profundo coma esa misma tarde, y su vida estaba pendiendo de un hilo. Su temperatura comenzó a acercarse peligrosamente a la temperatura muy por debajo de la normal, lo que generalmente vaticina solamente malas noticias.

A pesar de que su color normal había retornado, seguramente el extenuante esfuerzo que había realizado defendiendo a sus dueños y a su casa le habían exigido un precio muy alto para su escaso tamaño: se habían agotado sus fuerzas casi completamente. Sus pequeñas patitas estaban frías, respiraba con cierta dificultad y, dentro de su estado de inconciencia, sólo temblaba cada tanto como única señal de estar viva.

Redoblamos los cuidados, la cubrimos con mantas eléctricas tratando de darle el calor que ella misma no producía, y la alimentamos por inyección durante cuatro días más, además de antibióticos de dos tipos distintos.

Fue durante mi turno de ocho horas; era ya casi de madrugada, y en el silencio del consultorio me despertó un suave sonido, tenue pero persistente; algo así como un gemido. Veía por la ventana de la sala de cirugía cómo nacía el sol de un nuevo día de invierno, cuando me acerqué a la jaula de Isadora, conectada todavía a los fluídos que la alimentaban y mantenían viva por su sonda, cubierta por la manta eléctrica. Tenía la cabeza casi levantada y los ojos semiabiertos; al abrir la puerta de la jaula los abrió del todo e hizo el intento de levantar la cabeza, pero no pudo.

Respondiendo al pedido de sus queridos dueños, a pesar de la hora tan temprana, los llamé por teléfono para pedirles que vinieran, sin saber exactamente si decirles que era para despedirse de ella, o no.

Llegaron en pocos minutos y mientras la señora Márquez se acercaba a la jaula con temor bien fundado, el señor me pedía detalles al tiempo que los dos nos acercábamos también. Abrí la puerta de la jaula, y su dueña la observó con un amor tan profundo como conmovedor, al tiempo que descorría la mantita que la cubría, hablándole con suavidad en el tono que siempre usaba.

Estoy seguro que el nudo que yo tenía en la garganta era el mismo que los Márquez sentían en el momento en que la miramos los tres: Isadora, esa perrita de algo más de siete kilos de peso pero con un corazón a toda prueba, intentó incorporarse al tiempo que movía su colita de muñón lentamente, vacilante y temblorosa, con las pocas fuerzas que le restaban.

Los tres nos miramos pausadamente, no pudimos contener las lágrimas y nos abrazamos uno con otros.

Kfar Saba, Israel. 1985

La dulce Leila; el cierre del círculo

Se supone que un médico, incluyendo a los veterinarios, debería ser imparcial y sentirse ligado a sus pacientes por igual, sin distinción de raza, origen, nacionalidad, color o sexo.

Amo profundamente a todos mis pacientes, entiéndase; pero confieso y reconozco una debilidad casi obsesiva por los perros de raza pequeña. Siempre me han irradiado esa cierta fragilidad mezclada con el desamparo que caracteriza a los más chicos, sumada a la mirada que expresa de alguna manera una clase de dependencia innata. Si le sumamos a esta parcial descripción el hecho de que prácticamente todos tiemblan como hojas al viento al ser colocados sobre la mesa de examen, ya tenemos suficientes datos como para desear tomarlos en nuestros brazos, y tratar de protegerlos de…, de…, bueno, protegerlos…de nosotros mismos!

Leila llegó a mi clínica cuando se encontraba ya en edad avanzada, exactamente a los doce años. Sus padres eran concientes de que si bien la edad no es una enfermedad,

Leila tenía sus buenos años muy bien vividos y disfrutados junto con sus dueños y dos gatos.

Habían adoptado la excelente costumbre de visitar al veterinario cada año para un chequeo general que, sabían, puede ayudar a detectar tempranamente serios o no tan serios problemas.

Era una Yorkshire Terrier (Yorkie, se les llama con cariño), que llegó a su casa definitiva por un error del destino. Los padres, o dueños, de su madre, que vivían en una ciudad distante al norte del país, la habían vendido por teléfono a la familia X, que vivía en la calle Rozenkrantz 1232, en una ciudad cercana a la mía. La enviaron por correo certificado en una caja de esas que se usan para transportar animales pequeños; ustedes saben a qué me refiero.

El cartero encargado de la entrega del envío golpeó la puerta a las 12.25 del mediodía en la calle Rozenkrantz 1322. Los dueños de casa no estaban en casa, por lo que decidido a desembarazarse del inusual paquete, lo entregó al vecino, le hizo firmar el recibo que verificaba la entrega, y continuó su trabajo yéndose a casa exactamente a las cinco y cuarto de la tarde.

El matrimonio Hatía regresó a casa, en el número 1322, a las seis de la tarde aproximadamente encontrando en la puerta de la casa una nota pidiendo que pasaran a retirar la esperada encomienda en lo del vecino. Imaginemos por un instante la sorpresa de encontrarse con algo tan inesperado como una caja de plástico conteniendo un adorable cachorro de Yorkie, negro y dorado, con los pelos de la cara formando una flor que enmarcaban unos fascinantes ojos negros, mientras que la lengua de la chillona repartía besos en el aire a diestra y siniestra. Luego de los primeros minutos de sorpresa fue fácil comprender que se trataba de un error, por lo que llamaron por teléfono al remitente que no contestó el teléfono porque a esa hora se encontraba en un concierto en el teatro principal de la ciudad donde residía.

Resignados a hacer el papel de padres momentáneos de la cachorra hasta que se aclarara la confusión, la alimentaron con leche tibia y alimento para perros que les había quedado de su perro Mattew, fallecido tres semanas antes. La colocaron sobre la cama de Mattew y Leila resolvió que, a esa hora y después de un día tan ajetreado, había llegado el momento de un bien merecido descanso; se durmió profundamente con la tranquilidad que brinda el saber que estamos en casa y decidió que de ese lugar nada ni nadie la movería nunca jamás.

Al día siguiente, resuelta a acabar con esa situación embarazosa, la mujer trató durante toda la mañana de ubicar al remitente, pero éste no estaba en casa ya que había viajado, luego del concierto, a Holanda la noche anterior, lo cual, obviamente, no se supo hasta pasadas las dos semanas que duró su ausencia.

...Con los pelos de la cara formando una flor...

Inútil fue también tratar de encontrar a la familia X de la calle Rozenkrantz 1232. Las notas dejadas en la puerta no trajeron ningún resultado positivo, por lo que lentamente los Hatía, los dos gatos y Leila pasaron a ser todos parte integral de la misma familia.

Leila fue, desde entonces, la preferida de mamá Hatía, durmiendo relajadamente sobre su falda en cuanta ocasión la mujer se sentaba o se ocupaba de sus tareas sobre un sillón, creándose así una simbiosis casi absoluta, donde una se identificaba con la otra con toda la profundidad con la que un perro y un ser humano son capaces de hacerlo.

Leila creció y se convirtió en una encantadora perrita que fue esterilizada a los nueve meses de edad. Había sido atendida, me atrevo a decir, casi con obsesiva dedicación durante toda su vida, hasta que los Hatía cambiaron de ciudad dos meses antes de llegar a mi consultorio debido a que la señora padecía de un raro caso de aparición de células de leucemia en su sangre, hacía ya tres años, y necesitaba estar cerca del hospital especializado que se encontraba en la ciudad.

Durante la consulta que comienza este relato los padres me dieron toda la información necesaria para hacerme una perfecta idea de que Leila estaba destinada a vivir el resto de sus años dentro del marco de una vejez tranquila, acompañada por los dos gatos y sus amantes padres. Leila era suave y afectuosa, permitiendo que incluso un extraño como yo la tomara en mis manos, hundiendo su cabecita entre ellas disfrutando del contacto.

Al efectuar el chequeo clínico todo parecía normal, pero llamó mi atención el tamaño de los ganglios linfáticos periféricos, fácilmente palpables en ciertas partes del cuerpo como debajo de la mandíbula, a ambos lados de la garganta, y detrás de las dos rodillas. Se encontraban indudablemente aumentados de tamaño, lo que era aún más evidente tomando en cuenta la reducida talla de Leila. La mayoría de ellos eran dos a tres veces mayores que lo normal. Hice el comentario a sus padres y recomendé no vacunarla ese día, poniendo el énfasis en la necesidad de algunos estudios más profundos para aclarar lo que estaba pasando, sin mencionar más de lo necesario a los ya un poco ansiosos padres.

Al día siguiente hicimos varias radiografías del abdomen y tórax en distintas posiciones y reconozco que lo que pude apreciar no me dejó ni tranquilo ni satisfecho, sugiriendo hacer una biopsia de los ganglios para obtener un diagnóstico definitivo.

La respuesta del laboratorio fue faxeada pocos días después con la contundencia de una explosión: Linfosarcoma difuso, un tipo de leucemia canina de oscuro origen, pero aún más oscuro pronóstico.

Antes de llamar a los Hatía para citarlos y darles la información traté por todos los medios de encontrar las palabras que debía usar en esa ocasión. No fue fácil, pero pensé que fuera como fuera debía dejarles saber lo que estaba ocurriendo con su adorada Leila, y ensayé distintas maneras de decir lo que en verdad no quería decir, tomando en consideración el antecedente de lo que padecía mamá Hatía.

Nos encontramos esa misma tarde en la clínica y, a pesar de la presión que me oprimía el pecho, enfrenté el tema de forma directa, sin rodeos ni titubeos, dejando bien en claro que, una vez diagnosticada la enfermedad y aún con tratamiento de quimioterapia, la sobrevida podía rondar entre los seis y los quince meses.

Muy pocas veces he visto frente a mí caras de desolación y desamparo como las de los dos Hatía. Entre el golpe producido por la noticia y la visión que se produjo en sus mentes previendo la muerte de Leila, adopté al silencio como aliado y esperé sus observaciones o preguntas.

Mamá Hatía preguntó sobre la seguridad del diagnóstico, como tratando de negar a su manera lo cruel de la noticia. El papá, algo más práctico, inquirió sobre los meses que le quedarían por vivir con cierta calidad de vida y qué era lo que se debía hacer.

Expuse la necesidad de utilizar la quimioterapia, por lo que sugería derivarlos a un especialista en Oncología Veterinaria sobre el que tenía las mejores referencias y recomendaciones para que aplicara lo mejor de su saber en beneficio de esta familia que yo comenzaba a apreciar tanto.

Durante las siguientes semanas estuve en contacto con los Hatía casi a diario y me informaban sobre los pormenores del tratamiento que Leila estaba recibiendo y su evolución.

Me relataban sobre las largas noches que pasaban junto a Leila tratando de aliviar los efectos secundarios de la quimioterapia; las dificultades para dormir se hicieron parte de su vida cotidiana, pero todos lograron sobreponerse con un espíritu envidiable de solidaridad y apoyo.

Leila estaba destinada a vivir el resto de sus años….

A través de reiterados análisis se podía observar una ligera mejoría en el estado general de la perrita, y su apetito y buen estado de ánimo se mantenían normales.

Volví a verla a los tres meses de nuestro último encuentro; sus padres se veían tranquilos dentro de la situación difícil por la que estaban pasando. Leila seguía siendo tan adorable como en sus mejores días, y noté una marcada reducción del tamaño de los ganglios que habían despertado mi sospecha sobre su enfermedad la primera vez.

Paralelamente, la mamá seguía siendo tratada por su dolencia en el hospital especializado de la ciudad, y cierto día me animé a preguntarle al marido por su evolución.

-Hay una lenta mejoría, doctor. Los médicos creen que tal vez con tres o cuatro aplicaciones más de rayos y unas pocas más de quimioterapia, quizás se logre una recuperación verdadera y permanente; los resultados de los análisis periódicos son alentadores.

Hice una observación que hasta ese momento no se me había ocurrido, y que el señor tampoco había reparado: - No le parece llamativo el hecho de que su mujer, tan ligada a Leila afectivamente, esté padeciendo de una enfermedad que, unos años después, apareció de manera tan similar en Leila, quien a su vez quiere tanto a su mujer? Siempre hemos hablado de un tipo de "simbiosis" entre ellas, verdad? No es sugestivo el hecho de que habiendo una identificación tan profunda entre dos seres tan afines, haya también una "identidad de enfermedad"?

El señor Hatía me miró a los ojos en silencio por unos segundos y pude ver claramente cómo se humedecían los de él rápidamente. –No, doctor. No lo había visto nunca de esta manera. Pero ahora que lo menciona... Tiene mucho sentido. Se lo voy a comentar a mi mujer. Gracias por la observación.

Pasó el verano y nos disponíamos a recibir un otoño más frío de lo habitual. Cierta tarde soleada los Hatía se presentaron en el consultorio con la deliciosa Leila. Los padres mostraban una sonrisa que hablaba de alivio y satisfacción indudables. A Leila se la veía como rejuvenecida en por lo menos tres o cuatro años.

Luego de los saludos afectuosos que la relación y el caso tan serio permitían, mamá Hatía comenzó diciendo que venían a entregar un motivo de alegría, y me extendió un sobre conteniendo el reporte del oncólogo al que yo los había referido para el tratamiento de Leila.

Estaba fechado tres días antes y decía, sin dejar lugar para la menor duda, que Leila no mostró señales de su enfermedad en lo absoluto en todos los exámenes y análisis que se le hicieron durante los últimos dos meses, y que todos sus parámetros estaban dentro del rango normal. Sugería, de todas maneras, un chequeo general para control al menos cada seis meses.

Luego de leer el reporte no pude evitar quedarme sentado en silencio por algunos instantes, repasando lo escrito varias veces para cerciorarme de que leía correctamente. Mentiría si dijera que no necesité de todo mi esfuerzo para contener unas lágrimas que de todos modos humedecieron el papel que sostenía en la mano.

Cuando levanté la vista hacia ellos me entregaron también otro sobre, pero esta vez estaba dirigido a la señora Hatía por el médico Jefe del Servicio de Oncología del hospital principal de la ciudad. Los miré sin entender demasiado, y me dijeron con un gesto que lo abra.

Al comenzar a leer se explicaba que la señora Hatía presentaba, en todos los exámenes efectuados en el transcurso de los seis meses que pasaron hasta la fecha, absoluta normalidad en todos los resultados y que tanto el médico jefe como su equipo podían asegurar que la enfermedad había sido totalmente vencida. Recomendaba, no obstante, ponerse en contacto con el hospital a la menor señal y agregaba, también, la recomendación de efectuar exámenes periódicos cada seis meses.

Ya era demasiado para mí solo, y llamé inmediatamente a mis compañeros de trabajo en la clínica para hacerlos partícipes de tan buenas noticias.

En la confusión de abrazos y felicitaciones Leila pasó de mano en mano besando a quien la sostenía y alcanzó a probar, de esa manera, el sabor salado de las lágrimas de todos y que, a veces, es también el sabor del amor y la felicidad.

Kfar Saba, Israel. 1987

El increíble coraje de un conejo. Aliza

En la puerta de la entrada a la clínica hay un cartel que indica bien claro: clínica de *perros y gatos*.

Entonces porqué los dos niños, ya en edad de saber leer y escribir, entraron con esa pesada canasta en las manos y la depositaron con evidente esfuerzo sobre la mesa de examen?

Todavía hoy no lo sé, y no recuerdo tampoco si les pregunté a ellos si se habían detenido a leerlo.

El hecho es que detrás de los niños se hizo presente la madre quien, con algo de angustia en su cara y en su actitud, me explicó que Aliza, una coneja de dos años de edad, necesitaba ayuda urgente, y que yo era el veterinario más cercano a su casa; que por favor hiciera todo lo necesario para salvarla. Dicho esto, tres pares de ojos (dos azules y uno color verde) se clavaron en mí, aguardando expectantes.

Traté de explicar lo más claramente posible que conejos y otros roedores no formaban parte de mi práctica diaria, pero fue inútil: los seis ojos no me escucharon. Resignado a dar por perdida la batalla, les pedí abrir la canasta de mimbre y mostrarme a la enferma; el mayor de los niños levantó la tapa con la suavidad y el cuidado de quien teme romper algo muy preciado y, delicadamente, introduciendo las dos manos en el reducido espacio, sacó una asombrosa coneja de un blanco más blanco que la nieve, y las enormes orejas de color negro noche.

-Está herida, dijeron los ojos verdes bordeados de pecas.

-Y también espera conejitos, agregaron los ojos azules.

Mirando a la madre intentando recibir algo más de detalles, ya que renuncié a la clemencia, creo que ella leyó mi cara de sorpresa algo desesperada y me contó lo acontecido.

-Tenemos a Aliza desde que era una conejita de tres meses. Al poco tiempo de llegar a casa le trajimos un compañero con el que hicieron muy buena relación, y desde entonces viven juntos en un gran corral que les construimos en un rincón del patio trasero. Comen alimento para conejos, y lo suplementamos con verduras frescas todos los días. Los niños tienen a su cargo la alimentación diaria, y los adultos de la casa nos ocupamos de la limpieza de su lugar. Ya tuvieron conejitos varias veces, y cuando ya comen solos los cambiamos por alimento balanceado y otras cositas en el negocio donde compramos a los padres.

Nuestros cálculos dicen que debe parir dentro de pocos días, y por eso ya le colocamos dentro del corral la caja que usa como paridera; ella sabe perfectamente qué debe hacer y siempre construye su nido en pocos días. Eso sí, cuando le falta poco para el parto le cambia el carácter apacible y tierno por otro y se convierte en un perro de guardia si alguien que no sea uno de nosotros intenta acercarse a su nido.

- Hace unas dos horas, continuó, al regresar de mi trabajo, observaba el corral desde la ventana y me llamó la atención que su compañero corría y saltaba de un extremo a otro del corral, como si algo lo asustara; Aliza, en cambio, había salido del cajón de parto y estaba parada en la entrada, sin moverse, echando las orejas hacia adelante. Las espantadas del compañero habían derramado el agua y el alimento de sus recipientes, y pensé que algo serio estaba sucediendo para que el macho fuera presa del pánico de esa manera.

-Salí a observar de cerca lo que pasaba y yo misma me asusté al ver sangre sobre el piso de cemento, casi sobre toda su superficie. También el compañero tenía manchas de sangre fácilmente visibles por su color claro. Al acercarme a Aliza vi a cierta distancia un zorro acechando que tenía todavía algunos pelos del compañero a los costados de la boca.

Al verme no se asustó, sino que por lo contrario intentó venir a mi encuentro mostrando los dientes, a punto de saltar sobre mí. Tenía los ojos vidriosos y perdidos. Tomé una escoba que siempre dejamos a la entrada del corral e intenté espantarlo, pero no sirvió de nada: me atacó tratando de morder mi pierna, pero Aliza se interpuso entre él y mi cuerpo parándose sobre sus patas traseras y, levantando las orejas, saltó sobre él mordiéndole el cuello. El zorro trató de quitársela de encima, sin resultado. Comenzó a brincar como un potro encabritado hasta que Aliza cayó al suelo y entonces la mordió en el abdomen, pero no sin que antes la coneja lo mordiera donde logró aferrarse: en la cara y ambos costados del cuello. Después de esto, escapó entre los arbustos del fondo de la casa y pude ver que tenía la cola quebrada en la parte que se hace blanca, en la punta.

-Es por eso que estamos aquí; por favor tratemos de salvarla. Después de todo, ella me evitó la mordedura del zorro, deteniéndolo con su cuerpo.

...Sacó una asombrosa coneja de un blanco más blanco que la nieve, y las enormes orejas de color negro noche.

Luego de escuchar atentamente el relato debí tomarme unos segundos para respirar hondo; esa era *la* historia más asombrosa que había escuchado en mi vida! Una coneja ataca a un zorro! Seguramente ni siquiera Esopo o Samaniego habrían pensado en semejante fábula.

Procedí entonces a revisar a Aliza, y observé una fea herida en el abdomen: bastante profunda y desgarrada la piel en su mayor parte. Aliza estaba claramente en shock, por lo que decidí comenzar a trabajar de inmediato. Les propuse que me la dejaran y que regresaran a casa. Preví que tenía mucho trabajo que hacer hasta seguramente bien avanzada la noche, por lo que les dije que al día siguiente estaríamos en contacto para contarles las novedades.

El par de ojos azules y el par de verdes bordeados de pecas la acariciaron con cariño y se despidieron hasta mañana abrazándola con mucha delicadeza.

Luego de anestesiarla nos abocamos a atender las heridas, que resultaron muchas más de lo que era aparente: casi no había una sola parte del abdomen que no presentara un mordisco, mayor o menor.

En efecto, terminamos nuestro trabajo tarde esa noche pero decidí quedarme un poco más hasta que Aliza despertara de su anestesia. Después de medianoche la coneja comenzó a dar señales de volver en sí misma y pareció recuperarse del todo, tanto del shock como del anestésico; abrigada en su jaula, la dejé para irme a casa.

Mientras manejaba despacio por la calle casi desierta, repasé mentalmente el relato del que pasé a ser parte activa sin proponérmelo; era verdaderamente asombroso y escalofriante. El hecho de tener a Aliza hospitalizada en mi clínica era similar, salvando las diferencias, a atender a Lassie o a Rin Tin Tin, salvo que la coneja se había jugado la vida de verdad, y no había *actuado* para ser un real héroe de series de televisión.

A la mañana siguiente, acuciado por el deseo de saber qué pasó con Aliza durante la noche, fui dos horas antes de lo previsto a la clínica. Al encontrarme con la asistente que permaneció a su lado durante el turno de noche, me llevó de la mano con una sonrisa hacia la jaula donde nuestra heroína estaba masticando unas hebras de alfalfa y forraje para conejos que ella había comprado en un negocio cercano. Había pasado la noche sin novedad, y estaba comiendo tranquilamente como si se sintiera la invitada de honor del desayuno.

Llamé por teléfono al veterinario gubernamental de la zona para recibir instrucciones sobre cómo proceder en cuanto a Aliza; era indudable que el zorro no había actuado de forma normal, sino que era fuertemente sospechoso de padecer Rabia hasta que no se demostrara lo contrario. Por lo tanto, siguiendo las instrucciones, la vacunamos contra la Rabia y establecimos un plan sanitario para ella y su compañero a seguir durante los siguientes meses.

Al mediodía, de regreso de la escuela, se hicieron presentes los pares de ojos verde y azul; se alegraron inmensamente con la recuperación rápida de su mascota y prometieron regresar más tarde con su madre para llevarla a casa.

Poco antes de cerrar aparecieron la mamá y los dos niños con aspecto más relajado. Los hice pasar a ver a su "coneja de defensa y ataque", que se veía tan indiferente a su estado que nadie hubiera pensado en la tremenda aventura en la que se vio envuelta tan sólo veinticuatro horas antes. Mencioné la necesidad del control antirrábico obligatorio, los cuidados necesarios para seguir la buena recuperación del animalito, y que deseaba volver a verla en una semana, si todo seguía bien.

Dos días más tarde, por la tarde, la madre de los ojos azules y verdes me llamó para contarme que Aliza había parido siete gazapos preciosos, y que tanto los padres como los recién nacidos se encontraban en perfecto estado. Prometieron, así mismo, traerla en cinco días.

En efecto, exactamente a la semana de haberla enviado a casa, Aliza vino para su examen de seguimiento. Se la veía tan bien y contenta como podría estar la flamante madre de siete críos sana y entera, sin que las múltiples suturas en la piel del abdomen parecieran alterar en nada su maternal disposición.

La habían traído junto con sus hijitos recién nacidos y, sacando de debajo de la espléndida coneja una bolsita de papel celofán con un moño rojo, la madre me dijo:

- Doctor: este es para usted.

Era un conejito de chocolate.

Era un conejito de chocolate.

Kfar Saba, Israel. 1999

Qué se hace, Doctor?

Esta es la pregunta más frecuente, y la más difícil también, con la que nos encontramos en nuestra práctica de todos los días.

Afortunadamente la mayor parte de las veces todo sale bien.

Pero hay otras en las que no siempre es posible encontrar la respuesta adecuada.

Siempre me ha llamado la atención, y seguramente a otros colegas con alguna capacidad de observación les habrá ocurrido lo mismo, el haber notado la asombrosa similitud física que se establece entre la mascota y su propietario a través de años de convivencia.

Así, por ejemplo, es fácil notar al hombre o mujer-Bóxer, al hombre o mujer-Pequinés, o el hombre o mujer-Cocker Spaniel, etc. La lista puede continuar hasta el infinito buscando, y encontrando, la semejanza entre el animal bípedo y el cuadrúpedo que han encontrado, por así decirlo, su espejo uno en el otro.

Aquella mañana, después de haber terminado las cirugías programadas para el día, se hizo presente una nueva clienta que aún no conocía. -"Es una señora rica", me advirtió la recepcionista, bajando algo la voz. "A juzgar por el auto en el que llegó, y por el perro que trae". -Qué perro?, pregunté curioso. Un Afgan Hound, dijo. Un magnífico y rubio Afgano.

- Bien. Adelante, dije. Vamos a verlo.

Si debía sacar conclusiones por el aroma del caro perfume francés que se adelantó antes que quien lo usaba, debería haber pensado que se trataba de un aristócrata perteneciente a la nobleza más rancia posible. No se hicieron esperar ni la portadora del perfume ni su mascota. Con paso seguro, como quien ya conocía el lugar desde siempre y bien familiarizada con la distribución de la clínica, entró a la sala de consulta una mujer de edad mediana, impecablemente vestida con ropa de más que evidente alto precio y se presentó colocando sobre mi escritorio las llaves de uno de los automóviles más caros del país. Me refiero al que lleva un felino saltando, colocado en el frente de la tapa del motor.

La mujer estaba vestida como para presentarse a una cena de gala ofrecida por el mejor anfitrión. De color rubio platinado, sus cabellos caían sobre los hombros con una muy bien estudiada indiferencia, sin que uno solo se encontrara fuera de su lugar; la ropa impecable y las joyas que empedraban sus muñecas y dedos (muy probablemente de más valor que mi equipo de rayos equis), eran el toque de distinción que ella necesitaba para expresar "aquí estoy yo".

Del otro extremo de la correa de cuero de cocodrilo de color rojo hizo su aparición la señorita Jamida Faridah bint Amir (digna de alabanzas, extraordinaria, hija de el príncipe, en idioma árabe), con el andar de quienes se saben hermosos, alagados y envidiados. Sus plantas apenas tocaban el suelo, y su imagen era la de quien sabe que todos a su alrededor la admiran.

Jamida había nacido hacía cinco años en uno de los más grandes, y más caros, criaderos de Estados Unidos, me contó su dueña, y había sido importada en persona por la señora Blum, quien acompañó a la pequeña Jamida en el viaje de 12 horas, directo a Tel Aviv.

-El motivo de la consulta, Doctor, es que Jamida ya no es lo que era, dijo con un tono apesadumbrado, como el que reconoce haber perdido algo muy valioso, y que jamás podrá recuperar.

Pregunté intrigado cómo era antes y cómo es ahora.
-Antes era más alegre, vivaz, jugaba con casi todos; pero desde que pasó lo que pasó, lo único que hace es estar tendida en su cama. Tan sólo se levanta para comer como cumpliendo una obligación, bebe un poco de agua, y regresa a su lugar como deseando que el tiempo pase rápido, para terminar con un día más de sufrimiento, dijo suspirando la mujer. Pareciera que está todo perdido; que ya no tiene más vida. Simplemente, vegeta.

Era la exacta versión canina de su dueña…

Me tomé por un minuto la libertad de observar detenidamente a Jamida: era la exacta versión canina de su dueña; la misma actitud de languidez, de majestuosidad a quien todos deben respetar y obedecer; su pelo blanco dorado, meticulosamente cepillado, caía con suavidad y orden a ambos lados de su cabeza afinada, separados por una línea que demarcaba dos aguas. El hermoso hocico afinado, de un tenue color moka, delineaba la nariz perfecta del perro cazador que, en otras épocas y en su Afganistán lejano, podía ventear al venado al que perseguía y alcanzaba casi sin esfuerzo en medio de las arenas ardientes. Era una cabeza que expresaba agudeza, alerta y vivacidad; pero sus ojos almendrados la traicionaban: carecían del brillo y la profundidad del perro feliz. Jamida era la imagen viva de la desolación.

Me pareció prudente, antes de revisarla, recabar algo más de información aunque intuía que estaba comenzando a pisar un suelo algo resbaladizo.

-Qué es lo que pasó que pasó, pregunté con algo de temor.

-El hecho es, Doctor, que Jamida se escapó hace casi un mes y medio; había recibido su celo y, en un descuido de la mucama, encontró la puerta abierta y se fue corriendo sin rumbo. La mucama corrió detrás de ella, pero no logró encontrarla; la buscó por todo el barrio pero no había rastros de Jamida. Cuando me avisó llamándome a la oficina, regresé rápidamente a casa y salimos nuevamente a buscarla, sin ningún resultado.

- Desesperadas, nos volvimos a casa para preparar unos cartelitos que decidimos colocar por todo el barrio. Así pasaron los días y no volvimos a saber nada de ella.

-Cuando ya habíamos perdido toda esperanza de recuperarla, un vecino que la conocía bien nos dijo que le pareció haber escuchado la voz de Jamida a unas dos cuadras de nuestra casa. Salimos con él a ver si lográbamos encontrar el lugar y, efectivamente, pude reconocer el ladrido de mi perra. Llamamos a la puerta y apareció el dueño de casa, preguntando qué deseábamos. Le pregunté por mi perra y me dijo que sí, que había encontrado una Afgana tres días antes, y que la tenía él junto con su perro. Nos invitó a pasar a la casa y cuál no fue mi sorpresa cuando en el patio ví a Jamida recostada en el suelo junto al perro del dueño de casa, un perrazo enorme, atigrado, que tenía su cabeza apoyada sobre el costado de mi perra. La llamé y se acercó a mí de mala gana, avanzando lentamente con la cabeza gacha, como si se sintiera obligada a hacerlo. El dueño de casa me comentó que su perro y Jamida se hicieron amigos muy pronto y que además, como si no tuviera importancia, se habían apareado varias veces durante esos tres días.

-Se imagina Usted, Doctor, una Afgana pura, hija y nieta de campeones, preñada por un perrazo enorme que no tiene siquiera la sombra de un Afgano? Qué va a ser de ella en el parto? Qué le sucederá con los cachorros? Su abdomen crece más y más cada día. Qué se hace, Doctor?

-Pero lo peor no es eso solamente: desde que la regresamos a casa está mustia; no tiene la misma alegría de vivir y se pasa el día sin la menor muestra de alegría. No sabemos qué hacer.

Me costó no poco esfuerzo evitar la sonrisa por aquello que era tan evidente: Jamida se había enamorado profundamente del “bastardo”. Sin duda su primer contacto con otro perro le había demostrado que había vida más allá de las paredes de su palacio de cristal y, sintiendo que había encontrado lo que todo ser vivo necesita, es decir, sentirse aceptada por cualquiera y no solamente por sus iguales de exposición, le había encontrado el sabor a la vida aburrida y rutinaria que había conocido hasta ese momento.

Propuse revisarla y le encontré muestras claras de embarazo: el abdomen agrandado y la fácil palpación de los numerosos fetos, sumados al aumento de tamaño de las mamas. Repasé rápidamente el resto del examen y todo parecía indicar que fuera de esa preñez no deseada por la dueña, Jamida se encontraba perfectamente.

Fue entonces que decidí abordar la pregunta conocida:- qué desean ustedes hacer? Pensaron en alguna alternativa?

-No, Doctor. Con mi esposo lo estuvimos pensando pero no encontramos ninguna salida.

Qué hacemos? Qué deberíamos hacer?

...una Afgana pura, hija y nieta de campeones...

Sugerí encarar el problema dividiéndolo en dos partes. Por un lado estaba la inminencia del parto y por otro el estado de ánimo del pobre animal atado a un destino que, si ella hubiera podido, no lo hubiera elegido en lo absoluto.

Propuse dejar que la gestación siguiera su curso natural; calculamos la fecha probable del parto y le ofrecí comunicarse conmigo a la menor señal de problemas, pero la tranquilicé diciendo que realmente, a pesar de la diferencia de tamaños entre el padre de los cachorros y Jamida, no había grandes motivos para temer.

El otro problema, aparentemente, también tenía solución relativamente sencilla: dejemos que tenga sus hijitos. Posiblemente el verse ocupada atendiéndolos y canalizando su instinto maternal, la haga olvidar su encuentro amoroso, que es la razón de su estado y lo que ella añora. Mientras que coma, beba y haga sus necesidades normalmente, el tiempo proveerá y hará lo suyo. Esperemos a ver qué pasa después del parto.

Algo más tranquila, y con evidente alivio en su cara, la agraciada mujer subió a su auto llevando con ella no solamente a su perra, sino también mi sensación de conmiseración y pena por las dos.

Pasaron algunas semanas y fue necesario ayudar a Jamida a parir sus nueve cachorros. No pasó de ser una ayuda manual, sin requerir cirugía ni nada más que mucha paciencia para esperar el momento de nacer de cada cachorro. En resumen, un parto normal que se extendió por algo más de doce horas.

Los cachorros resultaron realmente encantadores: seis machos y tres hembras. Varios llevaban el color y el tipo de pelo indudable del padre y el resto eran casi verdaderos afganos, aunque con colores mezclados. Por primera vez en todo el tiempo que la había visto, por fin la dueña soltó una sonrisa mezclada con llanto emocionado cuando le anuncié que Jamida había terminado felizmente su parto. Ahora debíamos dejarla sola con su hijitos y esperar pacientemente

Me sorprendí gratamente cuando la señora Blum se comunicó conmigo a los pocos días contándome entusiasmada que los cachorros comían perfectamente y dormían plácidamente; Jamida los atendía con la devoción característica de las buenas madres caninas y parecía haber recuperado, a pesar de los cuidados intensivos que prodigaba a los hijos y la fatiga consiguiente, el brillo en los ojos que ya parecía haber perdido para siempre.

Cuando comenzaron a caer las primeras hojas de los árboles del parque vecino, la recepcionista me confirmó que Jamida vendría esa tarde.

Me alegré profundamente al verla: se la veía alerta y vivaz. Si bien es cierto que su pelo no era el que traía el primer día que nos conocimos, era claro que la vida volvía a sonreírle.

Tenía nueve buenas razones para ello, y no era necesario ser veterinario para ver que se encontraba en perfecto estado, obviamente debido a su maternidad concretada.

También su dueña traía otra cara. Se la notaba enternecida y tranquila. Era evidente que la presencia de sus nueve "nietos" había logrado relajarla y tomar la vida un poco más a la ligera. Me contó que los perritos ya habían encontrado un nuevo hogar; todo ellos fueron adoptados por su círculo de amistades, y los entregaría en cuanto comenzaran a comer solos.

Hasta ese momento seguiría disfrutando de las piruetas y monerías de los rechonchos cachorros.

No volví a ver a Jamida hasta bien entrado el verano. Se presentó sin haber solicitado turno, ni avisado, cuando yo estaba entrando al consultorio preguntándome qué me depararía esa tarde.

Ví a su dueña cambiada totalmente: llevaba pantalones de jean y una camisa sencilla. Se adelantó a mi encuentro y me extendió su mano abierta para saludarme con una sonrisa algo pícara y un abrazo, ocultando lo que salía de detrás de su auto: nueve niños, que llevaban con una correa de nylon otros tantos cachorros mezcla de Afgano.

Kfar Saba, Israel. 2001

Sencillamente, el alma de un Gato

Siempre, desde muy pequeño, me llamaron la atención los gatos.

No se trata de sentir más o menos cariño, amor o respeto por ellos; creo que tiene que ver más con una clase de admiración difícil de definir por sus cualidades innatas de elasticidad, adaptabilidad y una enorme capacidad de supervivencia.

Como aquella vez, durante el receso de verano en las escuelas, en que conocí a Shlomi, un gatito de apenas unos días de nacido. Fue traído por dos hermanitos y un amiguito; los tres lo habían encontrado bajo unos arbustos en el parque público, mientras chillaba para que todo el mundo supiera de su desamparo y ganas de vivir.

Los niños pensaron que su madre lo habría abandonado, sin saber que todos los felinos, sin excepción, suelen cambiar de refugio a sus hijos cada tantos días; es el instinto el que las guía. De esa manera puede suceder que cuando la madre transportó ya a los primeros gatitos, dejando al último en su lugar anterior, el ser humano interfiere llevándose al "abandonado", y dejando a los demás cachorros, y a la madre, sin un hermano y un hijo; pero lo que es peor, al gatito sin la madre cuando esta nota que el que dejó a la espera de ser trasladado, ya no está.

Esto le ocurrió a Shlomi: los niños lo vieron y escucharon, y pensaron que estaban haciendo un acto de bien al traerlo al veterinario "para salvarlo", como me dijeron.

Los niños pensaron que su madre lo habría abandonado…

Hablando con los niños traté de recabar alguna información sobre otros gatitos con él, o sobre su madre. Me describieron a la madre como una gata gris a rayas negras, algo delgada, pero ágil, y que tenía una muesca en una oreja, probablemente alguna herida antigua de una pelea pasada; les pregunté si sus padres estaban de acuerdo en adoptar a Shlomi, ya que charlamos durante un rato sobre la responsabilidad que implica el hecho de recoger un animal, cualquier animal, de la calle e intentar hacerse cargo de lo que significa esa relación, tomando en cuenta algunos gastos menores como alimentación artificial, vacunas y, sobre todo, el tiempo que necesitan que se les dedique.

Uno de los niños me pidió llamar por teléfono al padre, que se presentó en la clínica en corto tiempo y me dijo que se haría cargo de los gastos si los niños se hacían cargo de los cuidados que yo les indicara. Los tres salvadores de Shlomi estuvieron de acuerdo en todo, por unanimidad. Así fue como Shlomi fue creciendo hasta que se convirtió en un atractivo gatazo de pelo casi largo y de un precioso diseño de dos colores.

Shlomi pasó a ser el gato de casi todos los niños del barrio aunque dormía siempre en la casa del niño con el padre. Compañeros de la escuela y amigos más íntimos, todos colaboraban en la alimentación, e incluso hacían una colecta anual para solventar los gastos de vacunas y otros gastos relacionados.

Cierto día Shlomi desapareció por más tiempo de lo habitual. Pasaron varios días hasta que reapareció con el mismo estado de ánimo de siempre y no se le notó ninguna razón física o daño como para explicar su desaparición o alguna mala consecuencia de ella.

Todos pensaron, incluso yo, que fue una desaparición ocasional y que no volvería a ocurrir, sobre todo tomando en cuenta que luego de su esterilización, Shlomi nunca adquirió el hábito de vagabundear por las calles, aunque algunas veces hacía breves excursiones en el barrio.

Hasta que se convirtió en un atractivo gatazo de pelo casi largo y de un precioso diseño de dos colores.

No pasó mucho tiempo hasta que el gato volvió a esfumarse en el aire; luego de unos tres días reapareció triunfalmente como si nada hubiera pasado.

Intrigados por estas desapariciones sin explicación aparente o conocida, los tres amiguitos que lo rescataron decidieron tratar de seguirlo cuando mostrara señales que hicieran pensar en una próxima escapada con destino desconocido. Fue entonces que vinieron a consultarme nuevamente.

Yo estaba tan intrigado como ellos, y a pesar de conocer perfectamente al gatazo como su veterinario, no tenía suficiente información sobre detalles personales como para poder opinar. Les pregunté si había algo en particular, algún cambio en su conducta, alguna costumbre adquirida o un preaviso que pudiera sugerir una futura evasión inminente. Me dijeron que no; nada hacía suponer que había cambios tan importantes como para ser tomados en cuenta.

-Sólo podría ser que antes de irse, aunque no sabemos hacia dónde, come toda su comida de una sola vez, dijo el niño del padre mientras pensaba en voz baja.

Le pedí un poco más de información.

-Sí! Ahora que lo pienso, Shlomi siempre come su alimento en varias comidas en el día, pero los días en que desaparece se come toda su comida de una sola vez y después no regresa por dos o tres días.

A los que escuchábamos nos pareció un comentario interesante, pero no nos pareció tan trascendente como para que eso fuera un anuncio previo de su escapada cada cierto tiempo.

Descartamos al instante la probabilidad de algún amorío, ya que el gato había sido operado a una joven edad. También dejamos de lado posibles amigos de parranda porque en ese caso, porqué los amigos no se aparecían por su área frecuente de vivienda.

Nos quedamos con los interrogantes hasta que cierta tarde, dos de los niños que estaban pendientes de sus hábitos cotidianos, notaron que Shlomi liquidaba en pocos minutos todo su alimento, comiendo como le era habitual, pero sin dejar el menor resto de comida.

Por supuesto se aprestaron a seguirlo y, curiosamente, en su recorrido pasaron por mi clínica sugiriendo que los acompañara a corta distancia del gato.

Tuve suerte; mucha suerte. En ese momento se había cancelado la consulta de las cinco y media. Tenía otra media hora hasta que apareciera la de las seis. Salimos los tres siguiendo a prudente distancia a Shlomi que caminaba sin apuro, sin interesarle si lo seguíamos o no. No miraba ni a derecha ni a izquierda, caminando como despreocupado con muestras claras de una determinación bien definida.

Yo observaba a los niños que caminaban casi agazapados sin necesidad, pero se tomaron la persecución con la seriedad de un detective profesional: pasos cortos, silenciosos, pero firmes, como los de un gato.

Shlomi cruzó la calle y avanzó en línea recta hacia el parque público y entonces se sumergió entre una maraña de arbustos desapareciendo con el más absoluto de los misterios.

No pudimos ver exactamente debajo de cuál de las plantas había desaparecido pero casi por instinto, los tres nos fuimos a mirar a una en particular que a los niños les resultaba familiar y yo los seguí, dejándome guiar.

Al enfrentarnos al arbusto uno de los niños se colocó el dedo índice sobre los labios haciendo la señal de silencio, mientras descorría las ramas bajas del cerco vivo.

Sin hacer ruido, y con el menor movimiento posible, los tres fuimos testigos de lo que el alma del gatazo era capaz:

estaba regurgitando su abundante comida para alimentar a una gata gris con rayas negras, mientras ésta amamantaba cinco gatitos.

A pesar de la distancia a la que estábamos, se veía perfectamente la muesca en su oreja derecha.

Miami, Florida. 2009

Había una vez un perro

Había una vez, hace mucho tiempo, y en un país muy lejano, un perro…

Así comienzan generalmente los cuentos donde se relatan en forma de fantasías las aventuras o correrías del personaje principal.

Pero en el relato que paso a contar suceden dos cosas: en primer lugar el personaje principal es absolutamente real, y puedo ser fiel testigo de su existencia.

En segundo lugar todo lo que se cuente sobre él ocurrió con la misma cuota de veracidad que se esperaría de un libro de Historia.

Érase, pues, un perro. Contrariamente a lo que se podría esperar, no era un perro de los que suele llamarse "fino". Todo lo contrario; era un perro mestizo con mucho de Labrador, de tamaño grande, pelo corto color crema y patas tal vez algo largas en proporción a su cuerpo. Su cabeza era su principal atractivo: las orejas separadas generosamente por lo amplio del cráneo, le daba un indudable aire de masculinidad con su fuerte mandíbula y las mejillas abultadas. Era verdaderamente un hermoso animal.

Se llamaba Dakota, y le dieron ese nombre sencillamente porque quien así lo llamó pensaba que sonaba bien: era un nombre contundente, como solía decir; un nombre que hablaba de grandes planicies donde los perros pueden correr sin el límite artificial de un alambrado o una cerca. Un nombre que se identificaba con libertad, independencia y hasta con una cuota de rebeldía.

Si esta era la razón de su nombre, probablemente ningún otro nombre le hubiera calzado mejor que ese: Dakota.

Teniendo casi dos años de edad, había llegado sin previo aviso a la pequeña finca en que vivían los Albertson, en uno de los muchos suburbios rurales de los alrededores de la ciudad de Miami.

Muy pronto fue aceptado por los hijos de la familia y Dakota, que aún no tenía ese nombre, se encontró con la horma de su zapato ya que la familia decidió que él haría lo que le pareciera mejor: si quería quedarse, se quedaría. Si prefería irse, era su elección. Y se la respetarían.

Dakota fue bautizado así aproximadamente a la semana de haber llegado, y la idea del nombre fue de la madre de la familia, en recuerdo y honor a otro Dakota que había tenido cuando niña en uno de los estados del medio-oeste del país.

Este Dakota, como dije, era un perro común que llegó al consultorio con motivo de una herida que se produjo queriendo saltar un alambrado. Era un corte bastante feo, reconozco, y no se abrió todo el abdomen a lo largo porque su pelo y el poco filo del alambre facilitaron el hecho de que se salvase literalmente hablando, por un pelo.

Bajo los efectos de la anestesia Dakota aparecía como un tierno cachorrito, revelando una imagen de desamparo y fragilidad que no cuadraban realmente con su actitud frente a la vida. El perro independiente, autosuficiente y rebelde se presentaba ahora con una apariencia totalmente ajena a él mismo, vulnerable como el que más, despertando en los que lo atendíamos una mezcla de ternura con simpatía absoluta, identificándonos un poco y hasta envidiando su voluntad no sólo de vivir, sino de vivir a su manera.

Fueron varias horas de minucioso trabajo de limpieza, desinfección y suturas hasta que dimos por concluido el trabajo, y Dakota pasó a su jaula para recuperarse de la anestesia y permanecer algunos días en observación.

Era verdaderamente un hermoso animal.

El perro volvió a ser el mismo al cuarto día y regresó a su casa llevado por la familia entera que vino a recogerlo; se recobró de su fiera herida rápidamente y se entregó por completo a su vida habitual.

A los diez días después de su atención por la herida, Dakota faltó a la cita de chequeo. En realidad faltó a la cita porque su familia nos avisó que había desaparecido de la casa hacía ya dos días.

Fueron inútiles sus visitas al Departamento de Servicios Animales del Condado, los llamados por teléfono y los anuncios ofreciendo recompensa en todo el vecindario.

Dakota había desaparecido así como había llegado: sin anuncios previos, ni despedidas. Se había ido.

Algunos meses más tarde, durante el raro y breve invierno floridano, la familia de Dakota se presentó en la clínica con una sonrisa de satisfacción en las caras: el perro había regresado como si se hubieran visto tan sólo unos pocos días antes. Esta vez la razón de la visita eran sus vacunas anuales y el perro se sometió a una exhaustiva y concienzuda revisación soportando mis examinaciones sin inmutarse.

Luego de recibir sus vacunas, además de una dosis de antiparasitario, los Albertson lo subieron a la parte trasera de la pick up y partieron de regreso a casa.

Lo que sigue de este relato no es algo que yo pueda atestiguar, ya que no lo presencié. Pero me remito con total confianza al relato de un testigo presencial que, tal vez no por casualidad, se encontraba a menos de ochenta metros de la casa de los dueños de Dakota.

El relato dice que, poco antes de llegar a la casa, la niebla de la noche ocultó totalmente el camino, convirtiendo en inútiles las luces del vehículo, o cualquier otra manera de poder ver lo que sucedía a pocos metros siquiera. El observador vio sin embargo bastante claramente a la pick up viajando demasiado rápido para las condiciones del camino sinuoso, y al entrar en una de las curvas luego que el conductor intentara frenar y controlar el vehículo, este volcó con poco ruido y luego de algunas vueltas sobre sí mismo, se detuvo quedando acostado sobre su lado izquierdo. Los hijos de los Albertson que viajaban en el asiento trasero sin sus cinturones de seguridad, fueron arrojados del vehículo casi detenido justo a tiempo, antes que volcase.

El perro volvió a ser el mismo al cuarto día

El perro saltó de la parte trasera ya en cuanto el vehículo comenzó a perder el control debido a la mala maniobra, y fue una gran fortuna que no estuviera atado de ninguna forma a la caja trasera. Al acercarse corriendo el testigo, le pareció ver que Dakota había abandonado la escena, y comenzó a correr en dirección al accidente, mientras al mismo tiempo alertaba a la policía usando su teléfono celular. Se acercó en pocos minutos y lo primero que hizo fue apagar el motor que todavía funcionaba, sin advertir que toda la familia estaba confundida y aturdida por los golpes recibidos durante los tumbos.

Luego de unos segundos comenzó a sentir el intenso e inconfundible olor de la gasolina vertida en el suelo, lo que lo animó a apurarse y sacar a todos del vehículo. Su sorpresa fue enorme cuando vio a Dakota tirando con todas sus fuerzas del cuello de la camisa del hijo menor. Logró colocarlo a salvo a unos doce o quince metros del vehículo volcado, y regresó a él en busca de la hija. La chica estaba casi desmayada pero entendió que el perro trataba de ayudarla de alguna manera. También esta vez Dakota la tomó con firmeza de la ropa y comenzó a tirar de ella hacia fuera del auto, hasta que consiguió dejarla exactamente al lado de su hermano, moviendo la cola alegremente como si todo se tratara de un juego divertido.

No fue necesaria más ayuda de parte del perro. Ya el testigo había logrado rescatar a los padres de la familia, y se escuchaba el ulular de las sirenas que se acercaban rápidamente.

Pocos minutos después, los bomberos comenzaron a verter sobre la gasolina la espuma que le impide arder, mientras que los paramédicos atendían a la familia, verificando que nadie había resultado seriamente lesionado, salvo algunos rasguños y magullones.

Dentro de la lógica confusión los padres intentaron ubicar a Dakota, incluso avisando a los policías y personal médico sobre la posibilidad de un perro tal vez herido cerca del vehículo.

Pero fue inútil; los curiosos que se habían acercado al lugar, sumados a los policías recién llegados, se dieron a buscar al perro aprovechando que la niebla comenzaba a disiparse.

El resultado fue igual a nada. No lograron verlo, ni escucharlo. Nada.

Toda la familia fue transportada al hospital más cercano donde pasaron la noche hasta el día siguiente, para control y observación.

Al liberarlos, toda la familia se abocó a buscar al perro, esta vez con más detenimiento y a la luz del día. Todos los esfuerzos fueron infructuosos: no estaba en la casa, esperando al lado de la cerca como siempre hacía, ni en la huerta, ni en el depósito de los materiales. No se veían huellas de Dakota por ningún lado.

Siguieron buscando durante toda la semana hasta que desistieron, pensando que, probablemente dada su naturaleza de espíritu libre, se habría marchado para siempre con la satisfacción que da el hecho de haber cumplido con su conciencia, habiendo ayudado a quienes lo habían ayudado.

Dos semanas más tarde, mientras el padre de la familia retiraba unos materiales de construcción en el extremo oeste de la granja, se encontró con aquello que nunca deseó encontrarse: Dakota se encontraba muerto, acostado sobre un enorme charco de sangre ya coagulada y seca. A pesar de los cambios causados por el tiempo transcurrido, se veía claramente el orígen de tanta sangre: una gran herida en el abdomen, oculta parcialmente por su pelo. Era evidente que se había apartado luego del esfuerzo realizado para ayudar a salvar a sus benefactores, en un vano intento de recuperarse solo.

Dando a conocer la triste noticia, toda la familia decidió enterrarlo en el lugar donde él solía recostarse a tomar el sol, aún en los tan cálidos días de agosto de Florida: a la entrada de la finca, exactamente junto al cartel que reza: "Bienvenidos a la casa de los Albertson".

Miami, Florida. 2010

Mollie y Nala. Las simetrías de la vida

Mollie y Nala fueron dos perritas que vivieron una serie de eventos curiosos, y que siempre me impresionaron profundamente.

Las conocí en 2008, cuando su dueño las trajo para el examen anual de rutina.

Se trataba de lo que el dueño llamaba "las hermanitas", aunque no lo eran realmente. Muy parecidas una a la otra, eso sí, pero definitivamente no lo eran. En cambio, podríamos decir que eran "hermanas espirituales".

Del mismo tamaño y similar aspecto, semejaban dos Labrador Retriever; Mollie, algo más robusta que Nala, era tricolor con un hermoso dibujo de máscara blanca sobre la cara negro y dorado. Su pelo era suave, algo más largo que el de un Labrador verdadero, y su cola poseía un interesante juego de colores entremezclados que terminaban en una punta de pelos abundantes con forma de pincel.

Nala era casi un Labrador perfecto, solo que de dos colores; su cara era negra y en la boca la naturaleza se encargó de dibujarle una mancha como si hubiera bebido leche y nunca se hubiera limpiado los labios. Tenía, además, algunas otras manchas blancas repartidas por el cuerpo, de diferentes tamaños.

Lo que tenían en común era aquello por lo que cualquiera hubiera supuesto que eran hermanas: las dos eran dueñas de un par de ojos inteligentes y serenos, vivaces pero equilibrados, y la misma serenidad se reflejaba en su conducta. Juiciosas como pocas, las dos entraban a la sala de consulta caminando lentamente, y con la cabeza algo gacha, observando todo alrededor. Se mantenían sentadas esperando cada una su turno de ser examinada con absoluta calma, como si supieran que ese momento pasaría pronto para irse enseguida a casa.

Desde el primer momento en que las vi, no pude evitar comentar con su dueño la asombrosa actitud de las dos perritas, que se mantenían casi pegadas una a la otra, y demostraban poseer una paciencia casi bordeando la humildad, haciendo un esfuerzo sobreperruno como para no molestar o pasar desapercibidas. Entonces fue que el dueño, el señor Ponce, me relató los comienzos de su historia en común.

El señor y su esposa se habían dirigido hacía ya siete años a uno de los numerosos refugios para perros y gatos que se encontraban en el condado con la intención de adoptar un animalito con el que compartir su vida. Visitaron varios durante algunos fines de semana, pero nunca se encontraron con aquél perro del que esperaban un "click" automático, aunque reconocían que, de haber podido, hubieran adoptado a todos. Para agilizar el proceso habían dejado su número de teléfono en cada uno de los lugares visitados, pidiendo que si les aparecía algún perro con las características buscadas se les avisara. Transcurrieron casi dos meses sin encontrar al perro de sus sueños, cuando un martes la empleada de uno de los refugios llamó al señor y le dejó un mensaje pidiendo que la llamara a la brevedad.

Al devolver el llamado la empleada le sugirió que se presentaran en el refugio lo antes posible; ella estaba convencida que había encontrado "la perfecta compañía para ustedes". Enseguida llegaron al lugar y la empleada los llevó hacia el canil donde las dos perritas se encontraban acostadas, una pegada a la otra. Tenían entonces casi un año de edad cada una.

...Era tricolor con un hermoso dibujo de máscara blanca sobre la cara negro y dorado.

Nala era casi un Labrador perfecto, sólo que de dos colores

Los ensordecedores ladridos de los demás perros en el lugar hacían casi imposible escucharse mutuamente, por lo cual salieron al pasillo con el fin de recibir más información. La empleada les explicó que las dos perritas habían llegado el día anterior traídas por uno de los inspectores que se encargaban de recoger a los animales abandonados en distintos lugares del condado. Las dos cachorras pertenecían en realidad a dos familias distintas, vecinas una de otra cerco del jardín por medio. Las dos perritas, según contaron algunos vecinos, se conocían desde muy jóvenes y jugaban juntas cuando sus respectivos dueños les permitían encontrarse. Solía suceder, relataron, que una se quedaba a dormir con la otra en la casa de una de las familias, cuando los dueños trabajaban en el turno de noche en una fábrica cercana. Así fue que se hicieron inseparables.

Quiso la mala fortuna que la fábrica debió cerrarse, todo el personal fue despedido prácticamente de un día para otro, y las dos familias desaparecieron con rumbo desconocido dejando detrás de ellos no sólo las casas vacías, sino también a las perritas. Fue por la intervención de uno de los vecinos que denunció el abandono a las autoridades del condado, que el inspector las rescató y las trajo bajo techo en una tarde de lluvia torrencial como las que suelen azotar el verano floridano.

-Así que aquí están!, les dijo. -Son suyas en cuanto tengamos los resultados de los análisis que les hicimos ayer. Ya figuran en la lista de cirugía para mañana por la mañana a fin de esterilizarlas, por lo que ya esta semana serán ofrecidas en adopción.

-Eso sí, agregó, quien se lleva una se lleva a las dos. No podemos separarlas; es como si una fuera la sombra de la otra. Desean pensarlo? Tómense su tiempo.

El matrimonio se miró uno al otro con no poco asombro y mucha sorpresa. No esperaban recibir un "paquete" de dos, realmente. Pero, en verdad, las perritas parecían comportarse muy bien, y además fueron las únicas que no los ladraron cuando entraron al recinto donde se albergaban todos los perros de tamaño mediano a grande. De hecho, simplemente se levantaron de su sitio y las dos se dirigieron juntas hacia la puerta del canil, moviendo tímidamente la cola y mirándolos directamente a los ojos.

Luego de pensarlo brevemente, lo decidieron y se lo dejaron saber a la empleada: nos llevamos a las dos, pues. Cómo se llaman? -La de tres colores es Mollie, y la otra es Nala. No son adorables?, preguntó la empleada sin esperar la respuesta mientras iba a preparar los papeles para concretar la adopción.

La conclusión fue que las dos adoptadas recibieron una nueva casa, esta vez una sola para las dos juntas a los pocos días, y se adaptaron muy rápidamente a los nuevos dueños y el nuevo medio ambiente.

El señor Ponce no dejaba ocultar su emoción cuando me relataba todo lo que había sucedido, y siempre las describió como las mejores compañías a las que su esposa y él podrían haber aspirado jamás.

Al año siguiente, faltando pocos meses para la fecha de chequeo anual y vacunas, el señor Ponce solicitó un turno para que Nala fuera examinada; no le gustaba, dijo, cómo se veía, y come menos cada día.

Al entrar a la sala de examen, enseguida percibí que algo estaba pasando con Nala; caminaba más lentamente que lo habitual y se veía envejecida, como si su edad hubiera sido el doble de la de su compañera de vida. Mollie se mantenía a su lado, mirando alternativamente a su "hermana", a su dueño y a mí, en absoluto silencio.

Colocamos suavemente a Nala sobre la mesa de examinación y mi mano tocó su flanco izquierdo al alzarla. Noté rápidamente un gran bulto que asomaba por el flanco detrás de la última costilla, cubierto por la piel. Luego de un breve examen por otras regiones de su cuerpo, me detuve por más tiempo en ese bulto: del tamaño de un puño, fácilmente palpable, era muy sospechoso de ser un tumor bastante frecuente en perros de raza grande, ubicado en el bazo. Propuse una serie de análisis y radiografías con el fin de confirmar o descartar el temible diagnóstico y, lamentablemente, a los pocos días los resultados fueron concluyentes y reafirmaron mis temores: era un tumor maligno con metástasis avanzadas en el pulmón y el hígado.

Fue necesario un gran esfuerzo de mi parte para comunicarle las malas nuevas a los Ponce. Esa tarde aparecieron los cuatro envueltos en un aura de temor e incertidumbre por lo inminente de la inevitable noticia, pero luego de la difícil conversación el matrimonio se mostró apenado aunque aliviado por haber dilucidado el problema rápidamente. Noté que desde los cuatro días anteriores hasta esa misma tarde, Nala había perdido casi un kilo y medio de peso, y se fatigaba con mucha facilidad. Su estado general se deterioraba rápidamente y antes del primer mes desde que descubrimos el problema fue necesario acabar con su sufrimiento que, por otra parte, no conducía a ningún tipo de esperanza.

Los Ponce decidieron enterrar a Nala en una esquina del amplio cementerio para animales que brindaba servicios de funerales y yo asistí al acto con un gran dolor fruto de la pena y la impotencia por no haber podido hacer nada más para extenderle sus años vividos con una al menos razonable calidad de vida. Recuerdo perfectamente el número de su parcela: P238.

A las pocas semanas del fallecimiento de Nala, Mollie desapareció de la casa donde había vivido con su hermana espiritual y el matrimonio que las había adoptado. Logró escapar a través de una pequeña apertura en el cerco de alambre de la casa; apertura que el señor Ponce siempre prometía reparar "el próximo fin de semana". Pero como ninguna de las perras nunca siquiera la vieron ni intentaron salir a través de ella, tampoco el dueño tuvo apuro por arreglarla.

Hasta aquí el relato, del que fui testigo en parte, que me fue comunicado por el señor Ponce. Una excelente persona para quien guardo el mejor de mis recuerdos. A Mollie se la había tragado la tierra y no lograron nunca más encontrarla ni saber nada sobre su paradero.

El resto lo he de completar yo mismo con las piezas sueltas que pude recoger por el relato de otras muy agradables personas: el señor y la señora O'Brien.

Los O'Brien vivían en el condado y en la misma ciudad "desde siempre", según me dijeron, y los encontré casualmente una noche al asistir a una disertación programada por la Sociedad Protectora de Animales del condado. Comenzamos a charlar informalmente y, al presentarnos, se asombraron y alegraron al ver mi tarjeta de veterinario.

-No. No tenemos animalitos, me dijeron mientras caminábamos hacia la cafetería.

-Pero sí tenemos un relato que podría interesarle, dijo la mujer. Les pedí escucharlo y esto fue lo que me relataron.

-Hace dos años, mientras regresábamos de visitar a nuestro nieto un fin de semana, nos pareció ver a un costado de la ruta algo que parecía un animal lastimado o muerto. Detuvimos el auto a pocos metros, y bajamos para ver de qué se trataba. Era una perra mestiza, muy flaca y en un estado lamentable, cubierta de barro y pulgas. No opuso ninguna resistencia cuando intentamos levantarla y colocarla en el auto para llevarla a casa. Se la veía muy débil y más parecía un espectro que un animal vivo.

Al día siguiente la llevamos al veterinario más cercano a nuestra casa y, debido a su pésimo estado, propuso hospitalizarla hasta que se recuperara, aunque francamente no nos dio muchas esperanzas.

-Estuvo en el hospital diez días, y pareció recuperarse algo. Nosotros no la conocíamos, por supuesto, pero el personal que la atendía nos contaba que era muy dulce y sumisa; que nunca se la escuchó quejarse a pesar de las inyecciones que le aplicaban, junto con los fluidos y otros procedimientos. El problema, nos decía el veterinario, era que se rehusaba a comer, como si nada le interesara y le diera lo mismo vivir o morir. Tan solo aceptaba unos pocos sorbos de agua cuando se la ofrecían con las manos, pero no con un recipiente. Les sacamos algunas fotos cuando parecía estar algo más recuperada.

Y diciendo esto, el señor desenfundó su teléfono celular como quien desenfunda un arma.

-Vea, dijo. Acá estaba en su mejor estado, seguramente por los cuidados de los veterinarios.

-Pero esto fue tres días antes de que muriera, dijo la mujer.

Cuando el señor O'Brien me mostró la foto, seguramente el lector ya sabe qué fue lo que vi; era Mollie en su peor momento: se la veía deslucida, los ojos hundidos y sin brillo. La poca carne que cubría su cara era apenas un triste recuerdo de su belleza pasada ya, e imposible de recuperar si ella misma no tenía, o no sentía, el fuego de la vida agitando en su alma. El pelo de su cara se había vuelto prematuramente blanco, ya en forma irreversible.

No pude contener mi asombro y, con un nudo en el corazón, pregunté qué fue de ella.

-Los veterinarios nos dijeron que aparentemente todo esfuerzo era inútil; no presentaba muestras de ninguna enfermedad en particular. Ellos la llamaron simplemente desinterés por vivir. Así fue que aceptamos la propuesta de ellos de ayudarla a salir de una situación a la que ella no pidió entrar, y se la puso a dormir humanamente y en paz.

-En el hospital, siguieron relatando, nos ofrecieron el servicio de cremación pero nunca nos gustó esa idea ni para nosotros ni para nadie. Fue por eso que la llevamos a enterrar al cementerio para animales del condado, y es la única tumba con las letras NN.

En esta parte del relato yo ya me había hecho toda la composición de lugar y, con apenas un hilo de voz, les pedí que continuaran.

-La enterramos en el cementerio, van a hacer exactamente dos años la próxima semana. Nosotros vamos todos los años para recordarla y colocarle flores. No quiere venir con nosotros? Es el próximo domingo.

No me negué por una elemental cuestión de educación y además, porqué negarlo, la curiosidad me comía por dentro.

Acá estaba en su mejor estado…

Aquel domingo de calor sofocante, nos encontramos los tres en la entrada del cementerio y comenzamos a caminar por los senderos muy bien cuidados, deteniéndonos ante algunas tumbas de animales que sobresalían de lo común, tanto por su diseño como por la inscripción que se leía sobre ellas. Le pregunté al señor O'Brien si recordaba el número de la parcela, o si no era preferible preguntar en la oficina cerca de la entrada.

-No, me dijo sonriendo condescendiente. Es muy fácil: las parcelas tienen una letra que indica la primera letra del apellido de quien la compra y tres números. El número de la parcela es, casualmente, el mes y año del cumpleaños de mi mujer: marzo del 46. Así que la parcela es O346. Imposible olvidarla o confundirse.

Seguimos caminando mientras yo miraba hacia todos lados, inquieto.

Al llegar a la parcela de la perrita de los O'Brien, la O346, se me heló la sangre: a escasos cuatro metros comenzaban las parcelas correspondientes a la letra P.

Y ahí estaba, a menos de dos metros de Mollie, la parcela P238. La de Nala.

Miami, Florida. 2011

Dos gatos y un ratón

La familia Ronnell se presentó puntualmente en la clínica aquél último día de julio, hacia el fin del día, en medio del agobiante y húmedo calor del verano. Sus dos gatos mestizos, hermanos de diferentes padres pero de la misma madre, Tiger y Julius, necesitaban sus vacunas anuales y un examen general. Ese era en un comienzo el motivo de la consulta, por lo que calculé que todos estaríamos regresando a casa más temprano de lo habitual.

Al entrar a la sala de examen y saludarnos mutuamente, colocaron las respectivas cajas plásticas en las que los traían sobre el piso mientras yo tomaba algunos datos informativos. Los Ronnell eran un matrimonio joven y su hijo de seis años, una copia fiel de ambos padres, y mostraban un evidente cariño al referirse a los dos medios hermanos. Relataron que los habían encontrado temblando y empapados en agua una tarde de tormenta de lluvia y viento hacía ya cuatro años siendo apenas unos gatitos de pocas semanas; cómo los atendieron con los primeros auxilios al principio hasta que acudieron a un veterinario a fin de recibir más y mejores instrucciones sobre cómo alimentarlos, y otros cuidados.

Los dos gatitos crecieron perfectamente bien y se adaptaron rápidamente al nuevo entorno en que vivían. Habitaban, junto con los Ronnell, una cómoda casa de campo, y un pequeño granero donde dormía Llanero, el pony del hijo, rodeado de fardos de heno y alfalfa.

En ese idílico lugar los ya gatazos retozaban libremente y dormían en el granero en invierno, y trepados al gran sicomoro del patio en verano. Se pasaban los días buscando nuevos entretenimientos ya sea de a uno o de a dos, encontrando una aventura distinta cada vez y no dejaban nada sin descubrir, ni nada sin investigar, movidos por su característica curiosidad felina. Como habían sido esterilizados a corta edad no adquirieron la costumbre de alejarse de su casa, así que siempre era fácil encontrarlos en el gran patio que rodeaba la casa, o en el granero, durmiendo muchas veces recostados contra la panza del pony, cuando éste se echaba en el suelo a dormir.

Los meses y los años deshojaron tres calendarios y durante la mañana de un lunes de abril, del mismo año en que los conocí, los Ronnell fueron testigos del siguiente relato, que me transmitieron textualmente cuando vinieron en julio.

Es sabido que ningún granero puede llamarse con ese nombre si no alberga alguna población de ratas o ratones; esto es un hecho y, nos guste o no, no podremos evitarlo. Y esta es la razón por la cual Tiger y Julius entraron en la escena y en la vida de la familia. Su función sería, entre otras, mantener a raya la población ratonil del granero, y de la casa.

Durante los primeros años, en efecto, los dos gatos lograron su cometido ampliamente. Los dos juntos habían aprendido a cazar en equipo (los Ronnell tienen filmaciones que así lo atestiguan) y, apenas con mirarse, ya sabían lo que cada uno de ellos debía hacer para arrear, acorralar y atrapar a la víctima de turno. No hubo un solo caso en el que los gatos regresaran con el fracaso como compañero, sino que siempre se los veía salir del granero o aparecer por detrás de él, con una nueva presa mantenida en la boca. La familia, haciendo rápidos cálculos, comentaba llena de orgullo y satisfacción que desde que vieron las primeras presas en los comienzos de la llegada de los gatos, los medios hermanos habían liquidado, al menos, más de trescientos ratas y ratones cada uno por año, lo que llevaba el trofeo total a la friolera de mil roedores por cabeza! Eso sí: jamás los gatos comieron a ninguna de sus presas, sino que se limitaban a acomodarlas frente a la puerta de entrada al granero en rigurosa formación, y a veces combinadas con alguna lagartija o pájaro atrapado las más de las veces en el sicomoro. Para ellos todo era una manera de mantener su naturaleza de gato bien afinada y a punto, como el atleta que no pierde ocasión de probar sus músculos aunque sea por unos pocos minutos al día.

Así las cosas, casi libres el granero y la casa de roedores, los gatos venían todos los años para recibir sus vacunas, verificar que estuvieran libres de parásitos internos y externos y una revisada general.

Su función sería, entre otras, mantener a raya la población ratonil del granero

En la última semana del verano sucedió lo que da el nombre a este relato. Todo comenzó hacia el mediodía, cuando la señora Ronnell llamaba a los gatos colocando la comida en el porche de la casa, bajo el alero que protegía la puerta de entrada. Los gatos habían adquirido la rutina de aproximarse cuando la señora hacía un ruido característico con los platos, y el reflejo condicionado hizo el resto para que los hermanos vinieran a comer. Tiger, el más alto de los dos, vino corriendo aunque cada tanto se detenía para mirar hacia atrás, como si esperase a Julius para almorzar juntos, pero Julius no aparecía aún. La señora, sorprendida, aumentó el ruido de los platos por si el otro gato no había escuchado, pero no obtuvo ningún resultado. Resignada, dejó los platos de acero en el suelo y entró a la casa para continuar con sus ocupaciones, cuando escuchó del otro lado de la puerta cerrada el inconfundible maullido de Julius. Era un maullido lastimero, imposible de confundir con el de Tiger, y la insistencia del gato la empujó a abrir la puerta para tratar de ver qué estaba ocurriendo. Al hacerlo y mirar hacia abajo vio a Julius sujetando en su boca algo que desde su posición no pudo ver correctamente; fue entonces que en cuclillas vio lo que sostenía el gatazo con total suavidad: era un ratón que Julius depositó con delicadeza de gata madre sobre el piso de madera. Al abrir la boca el ratón intentó escapar, como era de esperar, pero solamente logró correr unos pocos metros, y se detuvo expectante, respirando rápidamente.

La señora Ronnell se acercó, curiosa, para observarlo con atención, y vio que estaba en presencia de un ratón con tan sólo tres patas; la trasera derecha era nada más que un pequeño muñón a la altura de la cadera, por lo que estaba en evidente desventaja frente al gatazo que lo había capturado con facilidad, lo mantuvo vivo, y hasta lo trajo a la dueña de casa como mostrando un gran trofeo.

Vio a Julius sujetando en su boca...

La mujer dedujo, correctamente, que el muñón que quedaba de la pequeña pata no había sido resultado de una mordida anterior de Julius, ya que una mordedura de un gato de casi doce kilos de peso hubiera traído consecuencias mucho más contundentes para un ratón de unos pocos gramos. Entonces fue que se apoyó en la baranda del porche, cruzando los brazos divertida, y se decidió a observar qué pasaba. Sin duda el ratón, por un lado, estaba muy interesado en huir lo antes posible a su madriguera, si es que los gatos no se interponían. Por el otro, el olor de la comida balanceada de los gatos era un estímulo demasiado fuerte como para ser ignorado.

Venció el hambre. Como pidiendo permiso, tímidamente, el pequeño roedor se armó de coraje y se acercó poco a poco al plato, caminando con sus tres patitas mientras los dos gatos y la mujer se hacían algo hacia atrás y observaban. Los gatos batían las colas, excitados, pero algo hizo que ninguno de los dos se moviera y no perdieran detalle de los movimientos del ratón. Al fin, el chiquitín trepó a uno de los platos y tomó una sola pieza con sus dos manos, dedicando toda su atención a roerla calmadamente, como si supiera que contaba con la aprobación general. Al terminar la primera, tomó una segunda, algo más pequeña, con su boca y se retiró tranquilamente perdiéndose por detrás de la casa.

Luego de esto la mujer acarició a los gatazos en felicitación por su actitud, y entró a la casa para hablar con su marido por teléfono y contarle lo sucedido, mientras los dos medios hermanos se abocaban a comer su almuerzo.

-Y desde entonces, me contaba la señora Ronnell, Tiger y Julius siguieron cazando ratas y ratones, a los que continuaron trayendo como si fueran trofeos de guerra y colocándolos en riguroso orden frente al granero.

-Siempre nos fijábamos, curiosos, y les contábamos las patas por si acaso.

-Pero nunca, hasta el día de hoy, encontramos ninguno con un pequeño muñón en la cadera derecha.

Miami, Florida. 2012

Blossom, la Greyhoung ganadora

En una de las raras, y pocas, tardes de invierno, durante la primera consulta del día, tuve la oportunidad de conocer a Blossom, la Greyhound, con sus dueños, los Thompson.

Una típica familia americana, le brindaban todos los cuidados necesarios para hacer que su salud estuviera asegurada.

La habían adoptado hacía unos cuatro años en el más conocido refugio para Greyhounds "perdedores" que había en el estado de la Florida, luego que sus criadores la descartaran para seguir corriendo, ya que no había logrado más que unos segundos y terceros puestos. Nunca logró el tan codiciado primer puesto, a pesar de los esfuerzos que demostró. Blossom era, decididamente, una Greyhound nacida para correr pero no para ganar.

De un raro color caramelo con una mancha blanca ocupando la mitad derecha de la cara, y dueña de una naturaleza suave y delicada, parecía no estar presente aquél día, aunque su aspecto físico era imposible que pasara desapercibido: alta, esbelta y en magnífica forma, se la podía tomar por la realeza de la especie canina. Los Thompson comentaban con cierta ironía que Blossom podía con facilidad atrapar sin problemas una mosca si corría detrás de ella, pero nunca se interesó realmente por la liebre mecánica usada en las carreras de galgos; no sentía en su interior el fuego de la competencia, ella corría para disfrutar, pero ganar no entraba dentro de su esquema mental, ni sentía tampoco esa necesidad.

Fue adoptada teniendo ya unos tres años, formando parte de un plantel de catorce galgos que el criador regaló al refugio como la única opción para sacárselos de encima; la otra opción era el sacrificio de los animales si nadie se interesaba por ellos. Fue entonces que los Thompson se enteraron sobre los animales ofrecidos en adopción por medio de publicidad hecha por el refugio, y acudieron no sólo para cumplir un viejo sueño de tener un Greyhound como compañía, sino más que nada para hacer un acto de bien.

Muy de cuando en cuando, algún sábado por la tarde o domingo por la mañana, los dueños organizaban junto con los dueños de otros perros de cualquier otra raza lo que ellos llamaban “la carrera de los descartados”; la carrera no era realmente una carrera como tal, ni tenía el menor asomo de competencia. La “carrera” consistía en que cualquier número de perros jugaban y corrían unos con otros bajo cualquier excusa, como atrapar una pelota o un palo de goma dentro de un espacio cercado que bien se podía haber usado como picadero para caballos.

Era verdaderamente un espectáculo que hacía las delicias tanto de los perros como de sus dueños, al que yo iba también con Lola, mi Yorkie; lo que no siempre se sabía era que esos encuentros totalmente informales reforzaban las relaciones inter-perrunas y las inter-humanas por igual, haciendo que la gente se conociera a través de sus animales, y viceversa.

Y acá estaban, en la clínica, consultando con respecto a una renguera en su pierna derecha, que había seguido a una hinchazón en la parte más alta de la pierna, cerca de la rodilla, hacía ya unas semanas. Una de mis primeras preguntas fue si la hinchazón había crecido rápido, a lo que los Thompson dijeron al unísono que sí, él con su voz, y ella con su cabeza.

Ya que no había logrado más que unos segundos y terceros puestos

La alzamos sobre la mesa de examen y era muy evidente que había una deformación en la parte superior de la pierna; no dolía demasiado al presionar, y se notaba dura como el mismo hueso donde se hallaba.

-Necesitamos unas radiografías para confirmar o descartar el posible diagnóstico, les dije mientras que trataba de ordenar mis pensamientos y mi cara para que no percibieran que yo estaba pensando en lo peor. Charlamos los tres mientras que les explicaba sobre las posibilidades con respecto a qué podía ser esa deformación, entre ellas el tan temido tumor maligno de hueso, generalmente fatal, a pesar de cualquier recurso que se utilice para detenerlo.

Entendiendo claramente que el solo hecho de mencionar la "mala" palabra tumor o cáncer desata toda una serie de fantasías poco optimistas, les propuse no tomar decisiones apresuradas hasta no tener los resultados tanto de las radiografías como el de la biopsia que concertamos en efectuar algunos días más tarde.

El siguiente fin de semana nos encontramos nuevamente ya con todos los reportes perfectamente ordenados por fecha en una carpeta que llevaba el nombre de Blossom Thompson. En primer lugar les pregunté cómo se sentía ella y respondieron que no habían notado ningún cambio especial desde que yo la había visto unos días antes.

Pasé, entonces, a comentar con ellos los resultados que confirmaban nuestros temores: se trataba, sin duda, de osteosarcoma, el más frecuente de los tumores de hueso en los perros de raza grande.

Nos mantuvimos en silencio los tres por unos minutos que parecieron siglos.

No sentía en su interior el fuego de la competencia, ella corría para disfrutar

El señor inició la conversación con la voz cascada por el conflicto de sentimientos preguntando si había algún tipo de esperanza o algún tratamiento que ayudara en particular más que otros.

Les expliqué que, de acuerdo con la última información de que disponíamos, el único tratamiento posible, y el que pronosticaba la mayor sobrevida, era la amputación del miembro y el comienzo lo antes posible de la instauración de quimioterapia.

Durante los días que siguieron al oscuro y triste diagnóstico, era más y más evidente la preocupación de los

Thompson por la salud y el futuro de Blossom y comentaron conmigo la angustia que envolvía a toda la familia, no tanto por lo que debía enfrentar ella misma, sino por lo incierto del futuro.

Confieso que hay ciertos procedimientos que son parte de mi profesión y que odio llevar a cabo. Uno de ellos era la cirugía que tendría por principal protagonista a Blossom, a la que siempre admiré tanto por su belleza externa como por su carácter apacible y su equilibrio mental. Mirando hacia atrás en el tiempo, muchas veces me he preguntado qué hubiera sido de cierto paciente si hubiera caído en otras manos que no hayan sido las de la familia con la que el destino lo unió. En el caso de Blossom, no me cabe duda que los Thompson fueron la bendición que ella merecía recibir, luego de haber sido rechazada por su criador; al mismo tiempo, para esa adorable familia Blossom fue la razón y el motivo de mucha alegría y una enorme cantidad de amor recibido. Ciertamente, esa relación entre la galga y su familia era lo más cerca posible a lo perfecto. Y, de alguna manera, me sentía responsable de tratar por todos los medios de mantenerla así por cuanto más tiempo, mejor.

El día de la cirugía Blossom quedó hospitalizada por unos días para nuestro control y luego pusimos manos a la obra comenzando el tratamiento de quimioterapia por medio del oncólogo que tomó a su cargo la tarea.

Diez días después de la operación retiramos las suturas y nos sorprendió gratamente a todos la facilidad con que se movía con sus tres patas, mostrando la clásica indiferencia animal a una contingencia de la vida para la que cualquier humano necesitaría apoyo psicológico y todo tipo de consultas. Los animales viven en un permanente aquí y ahora y se adaptan a sus nuevas condiciones de una manera que siempre me ha causado admiración y respeto. "Esto es lo que me ha tocado vivir? Pues adelante! La vida continúa, y seguiremos luchando!".

Pocas semanas más tarde la familia trajo a Blossom para una consulta de seguimiento. La herida de la cirugía se veía perfectamente cerrada y limpia. La enferma parecía recuperarse de forma excepcional y todo parecía indicar que el tratamiento la ayudaba a mantenerse en buen estado. Fue durante esa visita que la familia me informó que el marido había recibido una promoción en la compañía en la que trabajaba y debían mudarse hacia uno de los estados del noreste del país.

Ya se habían puesto en contacto con un hospital veterinario recomendado por parientes que lo conocían, y simplemente debían llevar con ellos una copia de los registros sobre los tratamientos recibidos para que el veterinario que tomara la continuación de su atención tuviera la mejor información acerca de qué se había hecho hasta ese momento.

Así fue como Blossom partió hacia otros horizontes con su familia. Nos despedimos una tarde en que vinieron todos, ya a punto de viajar, y compartimos gratos recuerdos de cuando, con sus cuatro patas, se tragaba el viento jugando con sus compañeros de juegos.

Sí; esa fue una de las despedidas más duras que me ha tocado vivir con mis pacientes, y todavía hoy se me hace difícil pensar en ella sin sentirme lleno de compasión por su destino.

Hacia el final del primer invierno continué recibiendo informes del veterinario de cabecera de Blossom. Ese era ya el quinto que había recibido, y casi se podría decir que cada uno era una copia del anterior: "no hay novedad en el estado de Blossom; su estado general es bueno para su condición, y durante los chequeos efectuados periódicamente no hay evidencias de reaparición de la enfermedad".

Me mantuve en contacto con la familia a través de charlas telefónicas o por e-mail, y en todas las comunicaciones todo parecía indicar que estaba ya fuera de peligro, aunque en mi interior flotaba siempre cierta duda o temor oculto.

Así las cosas, casi dos inviernos más tarde, durante una de las tantas veces que me comunicaba con los Thompson, la mujer me comentó que le habían notado algo de tos especialmente al agitarse levemente luego del menor ejercicio. Por supuesto le sugerí que la hicieran ver lo antes posible por su veterinario habitual. No recibí ningún llamado telefónico hasta pasados unos seis días, cuando esta vez me llamó el esposo diciendo que lamentablemente Blossom estaba en muy mal estado y que sus pulmones mostraban muestras definitivas de metástasis del tumor que había padecido años atrás. Su estado era, según el veterinario, terminal y no había motivos para fundar ninguna esperanza.

Lo que el colega propuso fue un tratamiento paliativo del dolor y darle la mejor calidad de vida posible en el recorrido final de su camino.

Blossom, la admirada y tan querida, fue puesta a dormir humanamente tres semanas después. Los Thompson me enviaron algunas fotos de sus últimos días, que todavía conservo en mi oficina.

La galga perdedora de carreras logró demostrarnos a todos que hay carreras mucho más trascendentales que aquellas en las que se compite con los demás: en contra de todas las predicciones y expectativas médicas logró una sobrevida que se puede considerar todo un record: dos años y algunos meses, con un tratamiento muy intenso de quimioterapia. La sobrevida media, en cualquier perro de raza grande, es de entre diez a doce meses; había ganado la carrera más importante de su vida.

EPILOGO

Jacinto no se dio por vencido del todo luego que fuera destronado. Algunos meses después de su cambio tan radical, logró afincarse otro territorio a pocas cuadras de distancia de su domicilio al disputárselo a Franchi, el gato alfa de esa zona.

Jacinto murió a los doce años al haber sido atropellado por una ambulancia que, paradójicamente, se dirigía a toda velocidad a su casa: el Señor Barrechea había sufrido un infarto masivo de miocardio y murió camino al hospital.

Los dos murieron el mismo día; casi a la misma hora.

Franchi

En una conversación informal con los Pérez, me comentaron que cuando **Mentira** llegó a su casa por primera vez, la familia se encontraba dividida en cuanto a qué nombre darle al cachorro. Una de las posibilidades que contó con más votantes fue Frankfurter, que aludía a dos evidencias: su raza de origen alemán, y su forma asalchichada; pero luego todos se decidieron por Mentira tomando en cuenta que el primer nombre si bien era sonoro, resultaba demasiado largo para ser utilizado como nombre de rutina diaria.

La **Princesa Tatiana** logró traer al mundo en total catorce gatitos más, en diferentes partos, antes que sus dueños decidieran que ya era suficiente. Tuvo tan sólo tres maridos en toda su vida activa como madre, siendo Valery el gran amor de su vida.

Sergei y Anatoly fueron los otros dos.

La pequeña **Isadora** nos demostró a todos de qué pasta estaba hecha, y qué clase de Mini Pinscher era.

Luego de permanecer hospitalizada en la clínica por ocho días más, se recuperó perfectamente bien y fue enviada a su casa para alegría de sus padres y de todos nosotros.

Al cumplir cinco años de edad y un mes, parió cuatro cachorros hijos de un espléndido macho negro y oro. Todos los cachorros nacieron sanos, y sus descendientes viven hasta el día de hoy.

Isadora fue esterilizada seis meses más tarde.

Leila vivió hasta la avanzada edad de dieciséis años, lo que para un Yorkie se considera casi una edad límite. Y los vivió sana, cariñosa y repartidora de besos como lo había sido siempre.

Murió de la manera en la que más de uno estaría dispuesto a morir: simplemente se quedó dormida una noche y se despertó en el mundo al que van a parar todos los perros buenos, ahí arriba.

Aliza crió perfectamente a sus últimos siete hijitos. Luego de destetarlos la trajeron para esterilizarla.

Al día siguiente del increíble suceso con el zorro, los inspectores de la municipalidad local recibieron instrucciones de encontrar y atrapar un zorro sospechoso de Rabia; lo encontraron muerto en un descampado no lejos de la casa de la familia de Aliza, debajo de unos arbustos. El resultado del examen en el laboratorio estatal fue positivo para Rabia.

El zorro tenía quebrada la cola en la parte en que se hace blanca, en la punta.

Jamida Faridah bint Amir recuperó su habitual alegría de vivir.

Luego del destete y separación de sus cachorros volvió a ser la perra despreocupada y relajada de siempre. Como al año y medio la casaron con Visnú Késhava Mádhava (Visnú cabellos largos de la primavera, en hindú). Nacieron once encantadores afganos, uno más hermoso que el otro.

Por rara jugarreta del destino, una hembrita de este nacimiento se "casó" años después con un bastardo del parto anterior de Jamida. El resultado demostró que, a veces, la genética también tiene su muy peculiar sentido del humor.

La mamá de **Shlomi** fue adoptada por la familia del amiguito del niño que vivía con su padre.

Resultó ser una excelente gata que acompañó a su familia durante 14 años. Luego que se esterilizó la gata que, de hecho, era la madre de Shlomi, éste no volvió a desaparecer y siempre comió su alimento en varias comidas; nunca más todo de una vez.

Dakota no pasó en vano por este mundo. No solamente que dejó su profunda huella en la familia que lo había recibido, dando su vida por agradecerles, sino que sus genes continúan en sus hijos. Supo ganarse el cariño de Betssie, una Golden Retriever de la finca vecina que, luego se supo, había parido ocho cachorros hijos del Gran Perro, como lo llamaban los dueños de Betssie.

Uno de sus hijos, el mayor en tamaño y de gran cabeza, lleva todavía hoy con gran orgullo su nombre.

Mollie y Nala, las dos perritas que vivieron juntas toda su vida, y se encontraron en algún lugar del más allá para seguir una junto con la otra durante toda la eternidad, inspiraron una película documental (aún no publicada) que el matrimonio O'Brien ofreció honrando su memoria a la Sociedad Protectora de Animales del condado donde vivían. La película fue el mejor homenaje que se les pudo haber rendido.

Los dos gatazos de los Ronnell, **Tiger y Julius,** continúan visitando mi clínica hasta el día de hoy. Los dos gozan de excelente salud, y siguen cazando ratas y ratones con el mismo entusiasmo que siempre mostraron. Tan sólo una vez apareció entre los trofeos que muestran a sus dueños un animalito con tres patas: era una lagartija de color marrón y verde.

Blossom, la ganadora, fue el personaje central en un artículo publicado en la revista de la Asociación de Veterinarios del estado al que pertenecía el veterinario que la atendió en el último tramo de su vida. El colega reportó en ese artículo la supervivencia de la galga durante dos años y cinco meses, exactamente, desde que se diagnosticó su enfermedad; su esperanza, y la mía, era que con su protocolo de quimioterapia se lograra ayudar a otros enfermos con la misma enfermedad. Ante su ofrecimiento, y a pesar de su insistencia, me negué amablemente a que mi nombre figurara en el artículo.

Lightning Source UK Ltd.
Milton Keynes UK
UKHW011948310820
369135UK00007B/94